Eduard Mändle · Grundriß der Volkswirtschaftspolitik

Die Betriebswirtschaft – Studium + Praxis

Band 19

Grundriß
der Volkswirtschaftspolitik

Eine praxisorientierte Einführung

von

Professor Dr. Eduard Mändle

Mit 21 Wiederholungsfragen und 12 Schaubildern

expert verlag Renningen
Taylorix Fachverlag Stuttgart

Die Deutsche Bibliothek – CIP-Einheitsaufnahme

Mändle, Eduard:
Grundriß der Volkswirtschaftspolitik : eine praxisorientierte Einführung ; mit 21 Wiederholungsfragen / von Eduard Mändle. – Renningen-Malmsheim : expert-Verl. ; Stuttgart : Taylorix-Fachverl., 1994
   (Die Betiebswirtschaft – Studium + Praxis ; Bd. 19)
   ISBN 3-8169-0874-8 (expert-Verl.)
   ISBN 3-7992-0787-2 (Taylorix-Fachverl.)
NE: GT

```
ISBN 3-8169-0874-8 expert verlag
ISBN 3-7992-0787-2 Taylorix Fachverlag
Taylorix-Bestell-Nr. 730056.2
```

Bei der Erstellung des Buches wurde mit großer Sorgfalt vorgegangen; trotzdem können Fehler nicht vollständig ausgeschlossen werden. Verlag und Autor können für fehlerhafte Angaben und deren Folgen weder eine juristische Verantwortung noch irgendeine Haftung übernehmen.
Für Verbesserungsvorschläge und Hinweise auf Fehler sind Verlag und Autor dankbar.

© 1993 by expert verlag, 71272 Renningen-Malmsheim
Alle Rechte vorbehalten
Printed in Germany

Das Werk einschließlich aller seiner Teile ist urheberrechtlich geschützt. Jede Verwertung außerhalb der engen Grenzen des Urheberrechtsgesetzes ist ohne Zustimmung des Verlags unzulässig und strafbar. Dies gilt insbesondere für Vervielfältigungen, Übersetzungen, Mikroverfilmungen und die Einspeicherung und Verarbeitung in elektronischen Systemen.

1 94 14734 5 062

Vorwort

Das vorliegende Lernbuch ist aus einer fast 30-jährigen Lehrerfahrung an der Fachhochschule Nürtingen entstanden. Es wendet sich primär an die Studierenden der Wirtschafts-, Agrar- und Rechtswissenschaften an Hochschulen, aber auch an die Teilnehmer von Veranstaltungen der Erwachsenenbildung, insbesondere der Fachwirteseminare mit IHK-Prüfung. Da im täglichen Leben die praktische Wirtschaftspolitik immer größere Bedeutung erlangt, soll die vorliegende Publikation auch für einen allgemeinen Leserkreis zum Selbststudium dienen.

Das Buch beschäftigt sich im *Ersten Teil* mit dem Wesen und den Zielen der Volkswirtschaftspolitik (Wirtschaftswachstum, Vollbeschäftigung, Geldwertstabilität und Außenwirtschaftliches Gleichgewicht) wobei insbesondere ein Akzent auf die Zielbeziehungen gelegt wird. Den Werturteilen bei der Zielformulierung und den Zielen der Umweltpolitik wird eine besondere Bedeutung beigemessen. Im *Zweiten Teil* des Buches erfolgt eine Darstellung der volkswirtschaftspolitischen Instrumente bzw. Maßnahmen, vor allem der Geld- und Fiskalpolitik. Auf die Beurteilung der Instrumente hinsichtlich der Zielverwirklichung bzw. der Übereinstimmung mit der marktwirtschaftlichen Ordnung wird spezieller Wert gelegt. Im *Dritten Teil* wird eine Erörterung der volkswirtschaftspolitischen Willensbildung, insbesondere eine Darstellung der Träger der Volkswirtschaftspolitik und der Prozesse der wirtschaftspolitischen Entscheidungsfindung vorgenommen.

Die vorliegende Publikation ist als Lernbuch konzipiert, indem der Text systematisch und lerngerecht gegliedert, nur wichtige und grundlegende Aspekte der Volkswirtschaftspolitik in einfacher Wesie angesprochen sowie Wiederholungsfragen mit Antworten in den Text eingefügt wurden. Durch diese Methode soll ein rasches Erfassen der Thematik und der Probleme der Volkwirtschaftspolitik erreicht werden.

Im Herbst 1993   Professor Dr. Eduard Mändle
                                        Rektor der Fachhochschule Nürtingen

Inhaltsverzeichnis

Vorwort

1.	**Wesen der Volkswirtschaftspolitik**	**1**
1.1.	Begriff der Volkswirtschaftspolitik	1
1.2.	Praktische und wissenschaftliche Volkswirtschaftspolitik	2
1.3.	Volkswirtschafts- und Gesellschaftspolitik	4
1.4.	Systematik volkswirtschaftspolitischen Handelns	5
2.	**Ziele der Volkswirtschaftspolitik**	**11**
2.1.	Wertvorstellungen in wirtschaftspolitischen Zielen	11
2.2.	Ziele der Ordnungspolitik	14
2.3.	Ziele der Strukturpolitik	16
2.4.	Ziele der Verteilungspolitik	19
2.5.	Ziele der Prozeßpolitik	22
2.6.	Ziele der Umweltpolitik	42
2.7.	Zielbeziehungen in der Volkswirtschaftspolitik	46
3.	**Instrumente und Maßnahmen der Volkswirtschaftspolitik**	**56**
3.1.	Wesen und Einteilung volkswirtschaftspolitischer Instrumente	56
3.2.	Hauptinstrumente der Volkswirtschaftspolitik	60
3.3.	Beurteilung volkswirtschaftspolitischer Instrumente und Maßnahmen	86
4.	**Träger der Volkswirtschaftspolitik**	**92**
4.1.	Wesen volkswirtschaftspolitischer Trägerschaft	92
4.2.	Vorgang volkswirtschaftspolitischer Willensbildung	100

Antworten zu den Fragen 106

Literaturhinweise zur Vertiefung des Themas 114

Übersicht über die Schaubilder 116

Sachregister 117

1 Wesen der Volkswirtschaftspolitik

Lernziele:

Nach dem Durchlesen dieses Abschnittes sollten Sie
a. den Unterschied zwischen wissenschaftlicher und praktischer Volkswirtschaftspolitik kennen;
b. erkennen, daß es Zusammenhänge zwischen Volkswirtschafts- und Gesellschaftspolitik gibt;
c. in der Lage sein, die Systematik im Vorgehen in der Volkswirtschaftspolitik nachzuvollziehen.

1.1. Begriff der Volkswirtschaftspolitik

Volkswirtschaftspolitik ist als Teilgebiet der allgemeinen Politik die Gestaltung der Wirtschaftsordnung, der Wirtschaftsstruktur und des Wirtschaftsablaufes durch die wirtschaftspolitischen Träger. Sie ist die planmäßige Einwirkung von mit Macht ausgestatteten Institutionen auf die gesamte Volkswirtschaft (allgemeine Wirtschaftspolitik) oder bestimmte Branchen, Regionen bzw. von Wirtschaftsgruppen (spezielle Wirtschaftspolitik) mit der Absicht der Erhaltung, Wiederherstellung oder Veränderung gesamtwirtschaftlich bedeutsamer Zustände und Vorgänge. Die Volkswirtschaftspolitik in der Marktwirtschaft ist in diesem Sinne die Ordnung, Beeinflussung oder direkte Festlegung der vielen individuellen Pläne der Wirtschaftssubjekte (Unternehmen, Haushalte, Gebietskörperschaften), um gesamtwirtschaftlich bedeutsame Ziele verwirklichen zu können.

Beispiel:

> Nach der Vereinigung Deutschlands im Jahre 1990 wird auf dem Gebiete der ehemaligen DDR durch die staatlichen Träger der Volkswirtschaftspolitik die Wirtschaftsordnung neu gestaltet (Wiedereinführung des Privateigentums an Produktionsmitteln, Zulassung freier Märkte, Einführung des Marktwettbewerbs u.a.); es wird daran gegangen, die Wirtschaftsstruktur, z.B. im Bereich der Landwirtschaft, der Energiewirtschaft, des Automobilbaus, neu festzulegen und den Wirtschaftsprozeß, etwa die Entwicklung des gesamten Preisniveaus und der Arbeitslosigkeit zu beeinflussen.

1.2. Praktische und wissenschaftliche Volkswirtschaftspolitik

Der Begriff ,,Volkswirtschaftspolitik'' wird in einem doppelten Sinne benutzt und deswegen auch vielfach mißverstanden. Zum einen ist darunter die tatsächliche Aktivität der Träger der Wirtschaftspolitik, also des Staates oder der Verbände, zu verstehen, zum anderen wird die darauf bezogene wissenschaftliche Disziplin gemeint. Zur Abgrenzung wird der erste Tatbestand zumeist mit dem Wort *praktische Volkswirtschaftspolitik* umschrieben, für den zweiten Sachverhalt wird dagegen die Bezeichnung *wissenschaftliche Volkswirtschaftspolitik* gewählt.

Die praktische Wirtschaftspolitik — also das konkrete wirtschaftspolitische Handeln in einer Volkswirtschaft — ist demzufolge das Erfahrungsobjekt für die wissenschaftliche Volkswirtschaftspolitik. Aus der Festlegung dieses Erfahrungsobjekts kann jedoch die wissenschaftliche Disziplin noch nicht ausreichend charakterisiert werden. Dies wird erst durch die Bestimmung des *Erkenntnisobjektes* erfüllt, durch das der sich laufend verändernde reale Betrachtungsgegenstand der praktischen Wirtschaftspolitik nach bestimmten Grundsätzen und Problemstellungen untersucht wird. Das Erkenntnisobjekt wird danach aufgrund spezifischer Auslesegesichtspunkte aus dem Erfahrungsobjekt des tatsächlichen Handelns in der Volkswirtschaftspolitik abgeleitet. Es ist dies in erster Linie die Bestimmung des rationalen wirtschaftspolitischen Handelns, wobei das dabei auftretende zentrale Problem der wissenschaftlichen Volkswirtschaftspolitik die Auswahl der geeigneten Instrumente zur optimalen Verwirklichung eines oder mehrerer angestrebter Ziele ist. Da die Volkswirtschaftspolitik sich jedoch auf das gesamte wirtschaftliche Geschehen eines Landes bezieht, sind nicht nur diese instrumentalen Fragen (Zweck-Mittel-Verhältnis) als Forschungsanliegen von Belang; es ist vielmehr auch die Rationalität der Wirtschaftsordnung ein wichtiger Gegenstand der wissenschaftlichen Betrachtung (vgl. auch Schaubild 1).

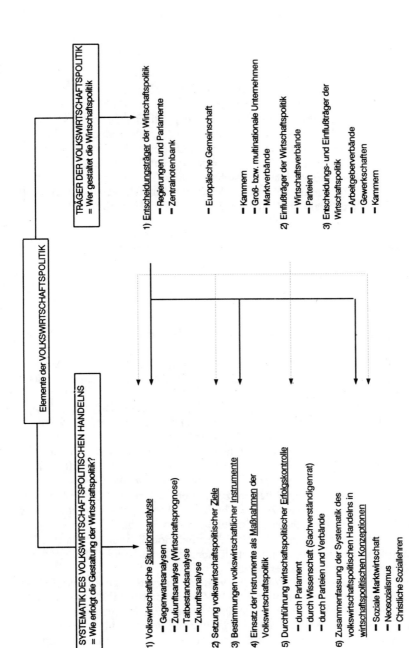

Schaubild 1: Überblick über die Elemente der Volkswirtschaftspolitik

Beispiel:

> Als praktische Wirtschaftspolitik ist das Handeln der Bundesregierung oder der Bundesbank durch Erhöhung des Mehrwertsteuer- bzw. des Diskontsatzes anzusehen, um bestimmte volkswirtschaftspolitische Ziele, etwa die Geldwertstabilität, erreichen zu können. Es handelt sich hierbei um das konkrete Handeln in einer bestimmten volkswirtschaftspolitischen Situation, mit der politischen Absicht, der gesamten Volkswirtschaft einen Nutzen zu erbringen. Die wissenschaftliche Wirtschaftspolitik ist demgegenüber ein Lehrfach bzw. Forschungsgebiet der Volkswirtschaftslehre als Wissenschaft. Es werden dabei die Prinzipien des rationalen Handelns analysiert, wobei insbesondere erforscht wird, inwieweit etwa durch die Veränderung des Mehrwertsteuer- bzw. Diskontsatzes, in einem bestimmten Umfange, das angestrebte Ziel auch tatsächlich erreicht werden wird und ob hierdurch nicht andere Zielsetzungen in Mitleidenschaft gezogen werden oder der Einsatz anderer Instrumente günstiger gewesen wäre.

1.3. Volkswirtschafts- und Gesellschaftspolitik

Da der Gestaltungsbereich ,,Volkswirtschaft'' ein wichtiger Teil der gesamten Gesellschaft ist, bestehen enge Verbindungen zwischen der Volkswirtschafts- und Gesellschaftspolitik
(1) Die *Hauptziele der Gesellschaftspolitik* sind: Wohlstandserhöhung der gesamten Bevölkerung, Freiheit, Gerechtigkeit, Sicherheit, Frieden, Demokratie und die Erhaltung der produktiven Ressourcen. Von diesen auf das Gemeinwohl ausgerichteten gesellschaftspolitischen Grundzielen gehen verständlicherweise starke Impulse auf das Verhalten der Träger der Volkswirtschaftspolitik hinsichtlich ihrer Ziele und der Verwendung von Instrumenten aus.
(2) In der *Volkswirtschaftspolitik* besteht zwar in erster Linie das Bestreben, die Verwirklichung ökonomischer Zwecke herbeizuführen; jedoch ergeben sich auch Einflüsse auf die Gesellschaftsgestaltung: Hohes Beschäftigungsniveau festigt die Demokratie, Geldwertstabilität sichert individuellen und gesellschaftlichen Wohlstand, Erhaltung produktiver Ressourcen bewirkt eine Versorgungssicherung mit Grundbedarfsgütern u.a.
(3) Durch die *Realisierung allgemeinpolitischer aktueller gesellschaftlicher Zwecksetzungen* wird auch das ökonomische Geschehen beeinflußt. So bewirkt ein Abbau von außenpolitischen Spannungen eine Vergrößerung der Exportchancen, eine erfolgreiche Gesundheitspolitik erhält das gesamtwirtschaftliche Erwerbspotential, die Erhöhung der inneren Sicherheit in einem Lande vergrößert die Investitionsneigung u.a.. Obwohl die hier angestrebten Ziele im außer-

ökonomischen Bereich der Politik liegen, gehen von ihnen jedoch positive Effekte auf die wirtschaftlichen Zwecksetzungen aus.

Beispiel:

> In jeder Volkswirtschaft bestimmt die Gesellschaftspolitik in hohem Maße die praktische Volkswirtschaftspolitik. Wenn etwa in einem Land die Freiheit, Sicherheit, Demokratie und Gerechtigkeit nachhaltig in den gesellschaftspolitischen Zielen und dem politischen Verhalten der politischen Träger betont wird, so ergibt sich daraus selbstverständlicherweise eine Vielzahl von Impulsen für die praktische Wirtschaftspolitik. Das gesellschaftspolitische Ziel der Freiheit bedeutet für die Volkswirtschaftspolitik eine Betonung der ordungspolitischen Instrumente Wettbewerbs- und Vertragsfreiheit sowie Freiheit der individuellen Wirtschaftsdispositionen; aber auch der Einsatz der wirtschaftspolitischen Instrumente sollte etwa von individuellen Reglementierungen der Unternehmen oder Haushalte Abstand nehmen und möglichst im Sinne einer globalen Wirtschaftssteuerung lediglich die Rahmenbedingungen der Betätigungen der Wirtschaftssubjekte verändern, z.B. im Sinne der Wechselkursveränderungen oder der Verbilligung bzw. Verteuerung der Kreditzinsen. In einem Land, das sich in besonderer Weise die Verwirklichung der Gerechtigkeit als Ziel der Gesellschaftspolitik gesetzt hat, ist durch die Volkswirtschaftspolitik zu bewirken, daß etwa für die Bevölkerung gleiche Chancen in der Berufsausbildung, der Verwirklichung einer Marktgerechtigkeit, d.h. der entsprechenden Entlohnungen nach den erbrachten Marktleistungen und eine Bedarfsgerechtigkeit, d.h. die Berücksichtigung der sozialen Bedürfnisse, ausreichend gewährleistet werden.

1.4. Systematik volkswirtschaftspolitischen Handelns

Die Gestaltung des Geschehens in einer Volkswirtschaft macht ein planmäßiges Handeln der Träger der Volkswirtschaftspolitik notwendig. Da jede wirtschaftspolitische Aktivität ein bestimmtes Ziel hat, das richtig oder falsch sein kann, wird auch der *volkswirtschaftspolitische Handlungsplan* von den Trägern rational in dem Sinne durchgeführt, daß sie ihre Ziele bestmöglichst erreichen wollen. Dies bedeutet, daß sie nach dem ökonomischen Prinzip die Zielsetzung mit geringsten Mitteln zu realisieren bzw. mit einem bestimmten Mitteleinsatz einen maximalen Zielerfolg zu erlangen versuchen. Dazu ist jedoch die Einhaltung einer bestimmten Systematik im Handlungsplan der Volkswirtschaft unabdingbar; dieser wird dabei in einzelne gedanklich getrennte, aber logisch und sachlich miteinander verbundene Elemente aufgegliedert (vgl. Schaubild 2).

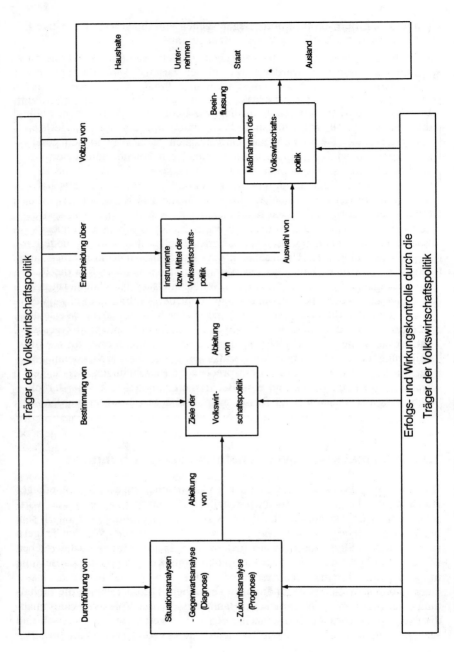

Schaubild 2: Systematik des volkswirtschaftlichen Handelns

6

a) Volkswirtschaftpolitische Situationsanalyse

Am Anfang des volkswirtschaftspolitischen Handelns steht die Situationsanalyse, durch die festgelegt werden soll, welcher Zustand bzw. Vorgang in der Volkswirtschaft aufgrund bestimmter Problemstellungen zu verändern oder zu erhalten ist; wichtig ist diese Situationsanalyse auch im Hinblick der Verwirklichung bestimmter Zielsetzungen der Gesellschaftspolitik.

(1) In der *Tatbestandsanalyse* wird festgestellt, welches Problem gegenwärtig oder in der Zukunft vorliegt. Dies kann beispielsweise eine Ungleichheit in der Einkommensverteilung, eine steigende Inflationsrate, strukturelle Arbeitslosigkeit, Rückgang der Exportmöglichkeiten u.a. sein.

(2) In der *Ursachenanalyse* wird festzustellen versucht, weshalb sich bestimmte gesamtwirtschaftliche Tatbestände, die als problematisch und deswegen als veränderungsnotwendig angesehen werden, eingestellt haben. So ist es beispielsweise wichtig, herauszufinden, ob eine relativ hohe Arbeitslosigkeit auf konjunkturelle Einflußfaktoren oder auf Strukturveränderungen in der Volkswirtschaft zurückzuführen ist, weil je nach dem Analyseergebnis auch unterschiedliche volkswirtschaftspolitische Maßnahmen angewandt werden müssen.

(3) In der *Gegenwartsanalyse* werden die zu beeinflussenden volkswirtschaftlichen Sachverhalte bis zum aktuellen Zeitpunkt der wirtschaftspolitischen Entscheidung zu erkennen versucht. In der Regel stammen jedoch die entsprechenden Daten der Wirtschaftsstatistik aus der Vergangenheit (Situation der persönlichen Einkommensverteilung, Entwicklung des Wirtschaftswachstums u.a.); diese Daten können sich bis zum Zeitpunkt der volkswirtschaftspolitischen Entscheidung durch Bundesregierung oder die Bundesbank schon wieder geändert haben, so daß u.U. ein Beschluß dieser wirtschaftspolitischen Träger auf eine bereits wieder veränderte volkswirtschaftspolitische Situation treffen kann. Es kann allerdings festgestellt werden, daß aufgrund der Entwicklung der modernen Informationstechnik — im Gegensatz zu früheren Zeiten — den Trägern der Volkswirtschaftspolitik für ihre zu fassenden Beschlüsse relativ aktuelle Daten aus der gesamten Volkswirtschaft zur Verfügung stehen.

(4) In der volkswirtschaftspolitischen Zukunftsanalyse (in Form von Prognosen, Extrapolationen, Szenario-Methoden u.a.) werden die zukünftigen Trends der Wirtschaftsdaten als Basis für wirtschaftspolitische Entscheidungen umfassend und systematisch zu erfassen versucht. Dabei werden häufig die folgenden Fehler begangen:

— Man schreibt die volkswirtschaftliche Gegenwart fort, ohne technische, gesellschaftliche, politische oder wirtschaftsstrukturelle Veränderungen zu berücksichtigen.

— Bestimmte spektakuläre Entwicklungen der Gegenwart (Biotechnik, Mikroelektronik oder neue Informationssysteme) werden in ihrer Wirkung für die Zukunftsentwicklung überschätzt.

— Man sagt die Zukunft in der Weise voraus, wie man sie gerne haben möchte;

man wünscht Wirtschaftswachstum und Vollbeschäftigung, und man prognostiziert diese auch in den entsprechenden Wirtschaftsvoraussagen.
— Man versucht die Zukunftsentwicklung zu genau zu erfassen und verzichtet außerdem auf die Erforschung von Zukunftsalternativen.
Es ist klar, daß eine unvollständige oder fehlerhafte Lagebeurteilung auch falsche Entscheidungen der Träger der Volkswirtschaftspolitik mit problematischen Wirkungen auf die Volkswirtschaft nach sich ziehen wird; deswegen ist die Effektivität der Wirtschaftspolitik in hohem Umfange von der richtigen oder falschen volkswirtschaftlichen Situationsanalyse abhängig.

b) Ziele der Volkswirtschaftspolitik

Nachdem in der Situationsanalyse festgestellt wurde, welche volkswirtschaftspolitisch relevanten Probleme vorliegen, sind von den Trägern der Volkswirtschaftspolitik die Ziele zur Beseitigung dieser Tatbestände und ihrer Ursachen zu setzen. Die Zielbestimmung kann auf die Wiederherstellung der ursprünglichen Situation oder auf die Veränderung eines bestimmten volkswirtschaftlichen Sachverhaltes ausgerichtet sein; es ist aber auch denkbar, daß eine gesamtwirtschaftliche Größe bedroht ist (Geldwertstabilität, Außenwirtschaftliches Gleichgewicht, Einkommensverteilung u.a.) und nun versucht wird, mit der Zielsetzung, das als wirtschafts- und gesellschaftspolitisch wünschenswert angesehene Wirtschaftsgröße zu sichern. (Vgl. S. 11ff.)

c) Instrumente der Volkswirtschaftspolitik

Im Anschluß an die Zielbestimmung wird überprüft, welche Instrumente der Volkswirtschaftspolitik in Frage kommen, um das vorgegebene Ziel zu realisieren und/oder das erkannte Problem der gesamtwirtschaftlichen Entwicklung beseitigen zu können. Aus dem in der Regel umfassenden Instrumentarium der Volkswirtschaftspolitik werden dann die als geeignet angesehenen Instrumente ausgesucht und als volkswirtschaftspolitische Maßnahmen im Sinne von Gesetzen, Rechtsverordnungen, finanziellen Zuwendungen oder Belastungen usw. angewandt. (Vgl. S. 60ff.)

d) Volkswirtschaftspolitische Erfolgskontrolle

Letztlich ist noch die Überprüfung von Bedeutung, ob die ergriffenen Maßnahmen auch den gewünschten volkswirtschaftspolitischen Erfolg herbeiführen konnten. Diese Erfolgskontrolle wird in der Volkswirtschaftspolitik eigenständig von den verantwortlichen Entscheidungsträgern — die sich selbst über ihre Handlung offen oder intern Rechenschaft ablegen —, insbesondere aber von den in der Opposition stehenden politischen Parteien, durch Vertreter der Wissenschaft und der Verbände durchgeführt.

Beispiel:

> Nach dem Stabilitäts- und Wachstumsgesetz hat die Bundesregierung zu Beginn eines jeden Jahres jene Wirtschaftsdaten im Rahmen eines ,,Jahreswirtschaftsberichtes'' festzulegen, die sie für die deutsche Volkswirtschaft im Jahresverlauf anstrebt und realistisch hält. So wird beispielsweise bestimmt und der Öffentlichkeit publik gemacht, daß das Ziel der Geldwertstabilität eine Preissteigerungsrate von höchstens 2,5 %, das Ziel der Beschäftigungsstabilität eine maximale Arbeitslosenquote von 5 % und das Wirtschaftswachstum eine Steigerung von 3 % vorsehen und das Außenwirtschaftliche Gleichgewicht einen im Vergleich zum Sozialprodukt angemessenen positiven Außenbeitrag erreichen soll. Diese Daten werden im Jahresverlauf in der politischen Auseinandersetzung immer wieder berücksichtigt; im November eines jeden Jahres wird dann vom ,,Sachverständigenrat für die gesamtwirtschaftliche Entwicklung'' eine Analyse hinsichtlich der gesamtwirtschaftlichen Entwicklung und Situation der deutschen Volkswirtschaft vorgelegt, in der auch auf die Zielsetzungen der Bundesregierung eingegangen wird. Grundsätzlich findet dann im Deutschen Bundestag zum Jahresende eine wirtschaftspolitische Debatte statt, in der eine Auseinandersetzung um die von der Regierung vorgegebenen Ziele und die entsprechende Zielerreichung sowie die Realitätsnähe der Wirtschaftspolitik der Regierung durchgeführt wird.

Im Rahmen von *wirtschaftspolitischen Konzeptionen* wird letztlich die Systematik des volkswirtschaftspolitischen Handelns in einem umfassenden und zusammenhängenden Handlungsplan, der sich außerdem auf bestimmte ordnungspolitische Vorstellungen bezieht — etwa die Marktwirtschaft — durchgeführt. Eine solche Vorgehensweise in der Systematik der Volkswirtschaftspolitik steht im Gegensatz zu einer interventionistischen Volkswirtschaftspolitik, die keine ausreichende Ausrichtung an ordnungspolitischen Vorstellungen und außerdem keine Volkswirtschaftspolitik ,,aus einem Guß'' durchführt.

Fragen:

1. Worin besteht die doppelte Ausrichtung des Begriffes der Volkswirtschaftspolitik?
2. Weshalb gibt es einen Zusammenhang zwischen Gesellschafts- und Volkswirtschaftspolitik?
3. Beschreiben Sie die Systematik des wirtschaftspolitischen Handelns aus der Sicht eines Entscheidungsträgers der Volkswirtschaftspolitik, etwa der Deutschen Bundesbank oder der Bundesregierung!

2 Ziele der Volkswirtschaftspolitik

Lernziele:

Nach dem Durchlesen dieses Abschnittes sollten Sie
a. erkennen, daß volkswirtschaftspolitische Ziele niemals wertneutral formuliert werden;
b. mit den wichtigsten Zielen und Zielbereichen der modernen Volkswirtschaftspolitik vertraut sein;
c. die Zusammenhänge zwischen den Zielen und die Rangfolge der Ziele erkennen und
d. die Ziele der Volkswirtschaftspolitik nach bestimmten Kriterien beurteilen können.

2.1. Wertvorstellungen in wirtschaftspolitischen Zielen

Es ist verständlich, daß in einer pluralistischen Gesellschaft die einzelnen wirtschaftspolitischen Träger hinsichtlich der Situationsanalyse, bestimmter Zielverwirklichungen, vor allem aber bei der Bestimmung der Ziele der Volkswirtschaftspolitik, unterschiedliche Meinungen vertreten. Die Ansicht darüber, was volkswirtschaftspolitisch wünschenswert oder nicht erstrebenswert ist, die Meinung über den konkreten Zielinhalt, die Auffassung über die Bedeutung von Zielen im Verhältnis zu anderen Zielen und der Notwendigkeit der Intensität ihrer Verfolgung, weichen in der praktischen Volkwirtschaftspolitik erheblich voneinander ab. Während manche Träger der Volkswirtschaftspolitik einzelnen Zielen oder Zielkombinationen ein dominierendes Übergewicht einräumen, werden die gleichen Ziele von anderen kaum beachtet oder völlig ausgeklammert. Diese unterschiedlichen Vorstellungen in der Volkswirtschaftspolitik werden auch als Werturteile bezeichnet.

a) Ethische Werturteile der Volkswirtschaftspolitik

Bei den ethischen Werturteilen werden die Zielsetzungen der Volkswirtschaftspolitik aus religiösen oder philosophischen Prinzipien, also außerökonomischen

Wertungen, abgeleitet. Aus den entsprechenden Idealvorstellungen über den Menschen und das menschliche Zusammenleben in der Gesellschaft, werden die wirtschaftspolitischen Ziele als objektiv bestimmbar und damit als wissenschaftlich unantastbar angesehen. So läßt sich etwa aus dem die christlichen Soziallehren bestimmenden Grundsatz der Nächstenliebe die Zielsetzung der sozialen Partnerschaft zwischen Arbeitnehmern und Arbeitgebern bzw. das Ziel der Vermögensumverteilung zur Verringerung gesellschaftlicher Konflikte ableiten.

b) Ideologische Werturteile

Die ideologischen Werturteile resultieren aus den Vorstellungen eines Idealbildes der Gesellschaft und ihrer als nach Meinung ihrer Repräsentanten wissenschaftlich erwiesen angesehenen zukünftigen Entwicklung. Aus dem jeweiligen weltanschaulichen System — etwa dem Liberalismus, der christlichen Gesellschaftslehren oder dem Sozialismus — ergeben sich dann logischerweise die Ziele für die volkswirtschaftspolitische Aktivität. In diesem Sinne hat beispielsweise die auf K. Marx zurückgehende Vorstellung der Klassengegensätze dazu geführt, daß sich in der neomarxistischen Volkswirtschaftspolitik niemals eine Partnerschaft zwischen Kapital und Arbeit einstellen kann. Die Neoliberalen gingen aufgrund ihres Leitbildes von der Funktionsweise der Volkswirtschaft davon aus, daß der Staat primär nur wettbewerbspolitische Ziele zu realisieren habe und sich dann die übrigen Zielsetzungen der Volkswirtschaftspolitik von selbst einstellen würden.

c) Teleologische Werturteile

Die teleologischen Werturteile machen Aussagen über die Eignung oder Nichteignung von Instrumenten für die Zielverwirklichung. Derartige Einstufungen von Instrumenten sind in der heutigen Volkswirtschaftspolitik wissenschaftlich unbestritten. Hier werden volkswirtschaftspolitische Zielsetzungen nicht nach außerökonomischen Maßstäben bewertet, deren Inhalt objektiv nicht bestimmbar ist, sondern es wird die Denkrichtigkeit eines logisch verknüpften Zusammenhanges überprüft. So kann etwa die Erreichung der Geldwertstabilität durch den Einsatz von geldpolitischen oder fiskalpolitischen Instrumenten analysiert werden. (Vgl. S. 60ff.)

d) Pragmatisch-gruppenegoistische Werturteile

Bei den pragmatisch-gruppenegoistischen Werturteilen besteht eine Orientierung in den jeweils augenblicklichen Problemen einer bestimmten wirtschaftlichen oder sozialen Gruppe. Je nachdem es der Gruppe ökonomisch gut oder schlecht ergeht, erfolgt — ohne Auseinandersetzung an einem weltanschaulichen oder ethisch begründeten Gesamtsystem — ein Wandel in den Zielbewertungen. Solche Wertvorstellungen ergeben sich häufig bei Wirtschaftsverbänden und politischen Parteien.

Beispiele:

> Ein pragmatisch-gruppenegoistisches Werturteil kann sich daraus ergeben, daß bestimmte Wirtschaftsverbände darauf verweisen, sie wären in besonderer Weise der gesamten Volkswirtschaft und Gesellschaft nützlich. Sie fordern dann über die Realisierung bestimmter Ziele den Einsatz von wirtschaftspolitischen Maßnahmen, zumeist Erhaltungsinterventionen. Ihre Einstufung begründen sie vor allem darauf, weil sie ihren Berufsstand in der gegebenen Struktur erhalten wollen und sie dies in besonderer Weise als gesellschaftspolitisch-förderlich ansehen. Natürlich ist es möglich, daß bestimmte Wirtschaftszweige einen besonderen gesellschaftspolitischen Nutzen haben — etwa die Landwirtschaft durch die Erbringung von gesellschaftspolitischen Zusatzleistungen, etwa der Erhaltung der Landschaft, der Nahrungssicherung, der Sicherung einer bestimmten Siedlungsstruktur u.a.

e) Werturteile und Werturteilsfreiheit in der Volkswirtschaftspolitik

In der deutschen Volkswirtschaftslehre hat es bereits anfangs des 20. Jahrhunderts eine intensive Auseinandersetzung darüber gegeben, ob Werturteile, die einem Zielsachverhalt einen ,,Wert" oder ,,Unwert" zuerkennen, mit den Grundsätzen der Wissenschaftlichkeit übereinstimmen. Die Erörterung der Fragen der *Wertfreiheit der Sozialwissenschaften* hält bis zum heutigen Tage an. Dabei gilt folgendes: Teleologische Werturteile, die Aussagen darüber machen, wie man mit bestimmten Vorzielen die volkswirtschaftspolitischen Endziele verwirklichen kann, werden als wissenschaftlich anerkannt. Normative Werturteile (ethische und ideologische, subjektive und gruppenegoistische Werturteile), sind dagegen umstritten.

Allgemein wird einer Meinung von der *totalen Werturteilsfreiheit* der Volkswirtschaftspolitik jedoch entgegen gehalten, daß sie ,,eine Übersteigerung des Objektivitätsgedankens" (H.G. Schachtschabel, Allgemeine Wirtschaftspolitik, Stuttgart, 1975) darstellt. Eine wertende Haltung bezüglich wirtschaftspolitischer Ziele ist für den Wissenschafter insofern unvermeidbar, als für ihn ansonsten die Gefahr besteht, zum wertneutralen und damit willigen Werkzeug jeder politischen Ordnung zu werden. Der wissenschaftliche Wirtschaftspolitiker hat also keineswegs die von der praktischen Wirtschaftspolitik angestrebten Ziele nur als unabänderliche Tatsache hinzunehmen und zu interpretieren, sondern hinsichtlich ihrer logischen und faktischen Wahrhaftigkeit zu analysieren, zu kritisieren und selbst im Rahmen rationaler Zielkombinationen wirtschaftliche Zielsysteme (auch mit alternativen Zielmaßstäben) zu entwerfen. Derartige Überlegungen vollziehen sich jedoch niemals im wertneutralen Raum, sondern sie sind auf eine bestimmte Wirtschaftsordnung und/oder bestimmte Grundwerte der Gesellschaftspolitik ausgerichtet. Für den Wissenschaftler ist es jedoch bedeutsam und notwendig, daß er seinen ,,werdenden Standort" klar definiert. Darauf hat bereits Max Weber (1864-1920) aufmerksam gemacht. Grundsätzlich sollte jedoch das Werturteilsproblem nicht übergewichtet werden, da in der ,,herrschenden Meinung" der Volkswirtschaftspolitik in den marktwirtschaftlichen Ländern eine prinzipielle Übereinstimmung in vielen Zielsetzungen besteht.

2.2. Ziele der Ordnungspolitik

Eine Wirtschaftsordnung — als die Summe der Rahmenbedingungen und Organisationsgrundsätze für den Ablauf des Wirtschaftsgeschehens — kann entweder spontan im Zeitablauf gewachsen, jedoch auch bewußt durch den Staat gestaltet sein. In einer arbeitsteiligen Volkswirtschaft sind Regeln notwendig, durch die die wirtschaftlichen Abläufe festgelegt und abgestimmt werden. Dazu sind Ziele und Prinzipien sowie Entscheidungskompetenzen und Abstimmungsinstrumente relevant, die in der Marktwirtschaft bzw. der Zentralplanwirtschaft sehr unterschiedlich ausgerichtet sind. Es besteht die Möglichkeit, daß sich die *Zielsetzungen der Ordnungspolitik* ändern, wenn die realisierte Wirtschaftsordnung nicht die erwartete Effektivität zeigt oder aus sozialen, ethischen oder ideologischen Gründen eine Einflußnahme auf die bestehende Wirtschaftsordnung für angebracht erscheint.

a) Verwirklichung einer neuen Wirtschaftsordnung als Ziel der Ordnungspolitik

Als Ziel der Ordnungspolitik kann die Verwirklichung einer *völlig neuen Wirtschaftsordnung* angestrebt werden; diese ist identisch mit der Beseitigung der bisherigen Wirtschaftsordnung (Systemüberwindung). Diese Zielsetzung kann in einem revolutionären Akt oder durch die Einführung verbindlicher Rechtsnormen zu einem bestimmten Zeitpunkt oder allmählich im Sinne eines evolutionären Prozesses von staatlicher Seite zu gestalten versucht werden. So wurde etwa in den Westzonen Deutschlands im Jahre 1948 an die Stelle der aus der Kriegswirtschaft übernommenen zentralplanerisch ausgerichteten Wirtschaftsordnung eine neue Wirtschaftsordnung gesetzt, die entscheidend von den marktwirtschaftlichen Grundsätzen geprägt war. Durch die Vereinigung Deutschlands wurde im Jahre 1990 für den Bereich der ehemaligen DDR ebenfalls abgestuft in einer relativ kurzen Periode an die Stelle der abgewirtschafteten zentralplanwirtschaftlichen Ordnung die marktwirtschaftliche Ordnung gesetzt. In den Ländern Osteuropas wurden nach dem 2. Weltkrieg die ursprünglich marktwirtschaftlich orientierten Volkswirtschaften durch die Zentralplanwirtschaft nach sowjetischem Vorbild abgelöst. Nach der 1990 erfolgten Befreiung aus der kommunistischen Parteiendiktatur haben dann Polen und die Tschechoslowakei innerhalb relativ kurzer Zeit wiederum die Marktwirtschaft als neue Wirtschaftsordnung eingeführt. Das Hauptproblem der abrupten Veränderung von Wirtschaftsordnungen durch wirtschaftspolitische Entscheidungen besteht sicherlich darin, daß die wirtschaftenden Menschen Schwierigkeiten haben, sich in relativ kurzer Zeit an die neuen Bedingungen anzupassen und ein Großteil der gesamten Wirtschaftsstruktur grundlegend umgestellt werden muß.

b) Erhaltung einer Wirtschaftsordnung durch die Wirtschaftspolitik

Das ordnungspolitische Ziel kann auch darin bestehen, die Erhaltung einer für die wirtschaftlichen Verhältnisse eines Landes als optimal angesehene Wirtschaftsordnung zu erreichen. Eine derartige Zielsetzung der Wirtschaftspolitik war beispielsweise im Jahre 1989 in der Volksrepublik China zu erkennen. Diese Systemsicherung, also die volle Beibehaltung der bestehenden Wirtschaftsordnung, wird wirtschaftspolitisch auch aus dem Grund zu verwirklichen versucht, um einer ökonomisch dominierenden und politisch herrschenden Gruppe die Privilegien zu sichern.

c) Veränderung der Wirtschaftsordnung als Ziel der Wirtschaftspolitik

Die Veränderung einer Wirtschaftsordnung durch informelle Konventionen oder gesetzlich verpflichtende Rechtsbestimmungen kann als eine weitere Zielvariante angesehen werden. Sie ist die in der wirtschaftspolitischen Praxis sicherlich am häufigsten anzutreffende Form des ordnungspolitischen Vorgehens; durch die auf bestimmte Zielsetzungen ausgerichteten laufenden Entscheidungen der wirtschaftspolitischen Träger kommt es zu einem permanenten Wandel im Wesen der Wirtschaftsordnung.

(1) So unterscheidet sich die *Marktwirtschaft in der Bundesrepublik Deutschland* im Jahre 1990 wesentlich von den in den 1950er Jahre geltenden ordnungspolitischen Regeln und Grundsätzen. In der Zwischenzeit ist eine Vielzahl von wirtschaftspolitischen Maßnahmen ergriffen worden — Stabilitäts- und Wachstumsgesetz 1967, verschiedene Novellen zum Gesetz gegen Wettbewerbsbeschränkungen, Mitbestimmungsgesetz des Jahres 1976, Eintritt der Bundesrepublik Deutschland in das europäische Währungssystem u.a. — durch die eine Weiterentwicklung der ursprünglichen Wirtschaftsordnung erreicht werden konnte. Eine Veränderung der marktwirtschaftlichen Ordnung im Sinne einer Reduzierung marktwirtschaftlicher Grundsätze hätte natürlich auch dadurch er-

reicht werden können, daß durch politische Entscheidungen eine direkte Investitionslenkung, eine Verstaatlichung von Teilen des Produktivvermögens oder ein allgemeiner Preis- und Lohnstopp, eingeführt worden wäre.
(2) Auch die *Veränderung der Zentralplanwirtschaft* mit der Zielsetzung der Steigerung der Effektivität der Wirtschaftsordnung kann als ein Ziel der Ordnungspolitik in entsprechenden Volkswirtschaften angesehen werden. Dies wurde beispielsweise deutlich, als in den osteuropäischen Staaten, insbesondere der Sowjetunion, die Probleme der Zentralplanwirtschaft sichtbar wurden und von den politisch Verantwortlichen zwar keine grundsätzliche Aufhebung der zentralplanwirtschaftlichen Ordnungsprinzipien, jedoch eine verstärkte Übernahme marktwirtschaftlicher Regeln mit der Entwicklung zu einer ,,sozialistischen Marktwirtschaft'' angestrebt wurde. Dies ist ordnungspolitisch schon ein wichtiger Vorgang, weil noch bis vor kurzem in den Staaten mit zentralverwaltungswirtschaftlicher Ordnung die Position vertreten wurde, daß das System der Zentralplanwirtschaft dem der Marktwirtschaft überlegen sei und es dies eines Tages ablösen würde. Die Entwicklungen zum Ende der 1980er Jahre haben jedoch deutlich gezeigt, daß diesen ordnungspolitischen Zielen gerade auch in der UdSSR eine mehrheitlich deutliche Absage erteilt wurden und heute für Rußland nicht mehr gelten.

2.3. Ziele der Strukturpolitik

a) Begriff der Wirtschaftsstruktur

Unter der Wirtschaftsstruktur wird das gesamte Gefüge einer Volkswirtschaft sowie die Art und Weise wie die einzelnen Teile bzw. die ökonomischen Aggregate der Volkswirtschaft zu einer Einheit verbunden werden, verstanden. Es ist der Aufbau einer Volkswirtschaft, deren Teilbereiche miteinander in einer systematischen Beziehung stehen. Im einzelnen können folgende *gesamtwirtschaftliche Strukturen* unterschieden werden:
— Die *Sektor- oder Branchenstruktur* charakterisiert die verschiedenen Produktionsleistungen in den einzelnen Wirtschaftszweigen und deren Zusammenwirken.
— Die *Beschäftigtenstruktur* gibt an, in welchen Wirtschaftszweigen die selbständigen und unselbständigen Arbeitskräfte tätig sind.
— Die *Regional- oder Gebietsstruktur* kennzeichnet das geographische Gefüge und die räumliche Verteilung wirtschaftlicher Aktivitäten.
— In der *Bevölkerungsstruktur* konkretisieren sich die natürlichen oder ökonomisch bedingten demographischen Verhältnisse und Veränderungen eines Landes (Alters- und Erwerbsstruktur).
— Die *Unternehmensstruktur* gibt an, welche Größen die Unternehmen haben und in welchem Umfang die verschiedenen Unternehmensgrößen in der

Volkswirtschaft in den einzelnen Branchen auftreten, wobei sich grundsätzlich eine Unternehmenskonzentration ergibt.
— Die *Infrastruktur* ist die wirtschaftliche und gesellschaftliche Grundausrüstung eines Landes mit Verkehrs-, Bildungs- und Verwaltungseinrichtungen.
— Die *Bedarfsstruktur* macht deutlich, welche Bedürfnisse die privaten und die öffentlichen Haushalte haben und zwar in quantitativer und qualitativer Hinsicht.
— Die *Einkommensstruktur* charakterisiert die Verteilung der Einkommen auf die Produktionsfaktoren und die einzelnen Wirtschaftssubjekte.

In einer wachsenden Volkswirtschaft ergibt sich eine ständige Veränderung der ökonomischen und sozialen Strukturen. Als typisches Merkmal tritt dabei eine Ähnlichkeit des gesamtwirtschaftlichen Strukturwandels im Umfange, in den Ursachen und Wirkungen ein, unabhängig von den quantitativen und geographischen Unterschieden der Volkswirtschaften. Wichtig ist dabei, daß im Wachstum der Volkswirtschaften ein laufender Wandel der Wirtschaftsstrukturen nicht nur das Resultat, sondern auch die Voraussetzung des Wirtschaftswachstums ist. Die Relation von bestimmten wirtschaftlichen Teilbereichen (Unternehmensgrößen, Branchen, Wirtschaftsregionen u.a.) zueinander, wandelt sich aufgrund wirtschaftlicher Aktivitäten. Dabei ergibt sich nicht selten die Situation, daß strukturelle Anpassungen mit sozialen Problemen, etwa der bevölkerungsmäßigen Entleerung von Regionen oder struktureller Arbeitslosigkeit, gekoppelt sind.

b) Zielbereiche der Strukturpolitik

Das Ziel einer optimalen Wirtschaftsstruktur ist dann verwirklicht, wenn die im Zeitablauf relativ konstanten Bauelemente der Volkswirtschaft intern (z.B. die innere Struktur der Landwirtschaft, des Einzelhandels oder der Energiewirtschaft), im Verhältnis zu anderen wirtschaftlichen Teilgrößen (z.B. die Stellung der Landwirtschaft, des Binnenhandels und der Energiewirtschaft zu anderen Branchen), aber auch in bezug auf die gesamte Volkswirtschaft, ein harmonisch aufeinander abgestimmtes Gesamtgefüge aufweisen, in dem Probleme für den Wirtschaftsablauf durch Verzerrungen der gesamtwirtschaftlichen Niveaugrößen vermieden werden. Solche Verzerrungen des volkswirtschaftlichen Aufbaus könnten beispielsweise darin bestehen, daß der Agrarsektor in der Volkswirtschaft überdimensioniert und die Energiewirtschaft für die Versorgung des Landes von zu geringer Bedeutung ist. Im einzelnen könnten folgende strukturpolitischen Ziele angestrebt werden:
(1) Das *Strukturerhaltungsziel* der Volkswirtschaftspolitik ist darauf ausgerichtet, die gesamtwirtschaftliche Struktur in ihrem bisherigen Zustand aus politischen oder aus sozialen Gründen zu erhalten und Einflüsse des Marktes, die einen Wandel des gesamtwirtschaftlichen Aufbaus bedingen würden, zu unter-

drücken. Ein derartiges Ziel der Strukturpolitik könnte allerdings zur Folge haben, daß das wirtschaftliche Wachstum und die gesamtwirtschaftliche Entwicklung deswegen beeinträchtigt wird, weil die Produktionsfaktoren und die volkswirtschaftlichen Ressourcen nicht dorthin gelenkt werden, wo sie die höchste ökonomische Effektivität erreichen.

Beispiel:

> Es kann das Ziel der wirtschaftspolitischen Träger sein, den Agrarsektor in seiner bisherigen Struktur — einer mittelständisch-bäuerlich ausgerichteten Landwirtschaft — zu erhalten. Eine derartige Zielsetzung könnte aus gesellschaftspolitischen Gründen (Erhaltung der Kulturlandschaft, Sicherung der Grundwasserqualität, Erhaltung der Ernähungsversorgung, Sicherung der bestehenden Siedlungsstruktur u.a.) angestrebt werden. Dabei ist es sicherlich wichtig zu erkennen, inwieweit derartige gesellschaftspolitische Zielsetzungen im Rahmen einer international ausgerichteten Volkswirtschaft mit freiem Welthandel überhaupt sinnvoll sind. Die Erhaltung der bestehenden Struktur kann durch eine Agrarstruktur- und Marktsicherungspolitik durchgeführt werden. Das Ergebnis einer derartigen Politik der Strukturerhaltung könnte jedoch sein, daß die Produktionsfaktoren nicht in andere Wirtschaftszweige abwandern, in denen sie eine höhere Produktivität erreichen und ein höheres Einkommen realisieren könnten.

(2) Die *Strukturanpassungsziele* bestehen darin, daß von Seiten des Staates eine Hilfestellung geleistet wird, indem für eine Übergangszeit den vom Strukturwandel betroffenen Wirtschaftszweigen oder Erwerbspersonen eine finanzielle Unterstützung zukommt. Es geht dabei darum, den sich aufgrund des marktwirtschaftlichen Prozesses sich ergebenden Wandel für den betroffenen Wirtschaftsbereich und damit den Menschen, erträglich zu gestalten. Dazu gehören sämtliche Aktivitäten im Bereich der Umschulung und Neuqualifizierung von Erwerbstätigen, die arbeitslos geworden sind oder denen die Arbeitslosigkeit droht. Im Hinblick auf die neuen östlichen Bundesländer haben natürlich diese Strukturanpassungsziele eine besondere Bedeutung für alle Wirtschaftssektoren.

(3) Das *Strukturgestaltungsziel* ist darauf ausgerichtet, die Förderung völlig neuer Wirtschaftsstrukturen verwirklichen zu können. Dies kann etwa im Bereich der Regionalstruktur durch eine Politik der Industrieansiedlung, aber auch in der Beeinflussung einzelner Determinanten des Strukturwandels, insbesondere der Realisierung technischer Fortschritte, erfolgen. Hieraus können sich für die Volkswirtschaft oder eine Branche strukturbestimmende Wirkungen ergeben, weil durch die neuen Produkte (Kunststoffe, neue Geräte der Unterhal-

tungselektronik, neue Büro- und Informationsgeräte u.a.), die neuen Produktionsverfahren (neue Steuerungstechniken im Produktionsablauf) und die Verwendung neuer Energiequellen (Solar- und Bioenergie statt Kohle und Mineralöl) eine Vielzahl von Aufbauelementen der Volkswirtschaft (Branchenstruktur, Regionalstruktur, Unternehmensstruktur u.a.) beeinflußt werden. Letztlich ist bei der Realisierung technischer Fortschritte noch ein anderer Struktureffekt von Bedeutung: Deren Verwirklichung macht in der Praxis steigende Sachkapital- und Bildungsinvestitionen notwendig. Die Schaffung neuer Wirtschaftsstrukturen ist auch darin zu erblicken, daß durch die Volkswirtschaftspolitik eine Öffnung der Volkswirtschaften in regionaler Hinsicht (gemeinsamer europäischer Binnenmarkt ab 1993) und in außenwirtschaftskonzeptioneller Beziehung (Reduzierung der Handelsbeschränkungen im Rahmen des GATT) durchgeführt und von Seiten des Staates den Unternehmen Anpassungsmöglichkeiten an die neuen außenwirtschaftlichen Bedingungen ermöglicht wird.

2.4. Ziele der Verteilungspolitik

Die verteilungspolitischen Absichten von Bund, Bundesländern, Kommunen, Sozialversicherungsträgern sowie der Tarifpartner (Gewerkschaften und Arbeitgeberverbände), beziehen sich auf die Gestaltung und Entwicklung der Struktur von Einkommen und Vermögen der Wirtschaftssubjekte. Als generelles *formales Kriterium* wird die Realisierung einer ,,gerechten Verteilung'' angestrebt. Bei dieser Formulierung handelt es sich jedoch noch nicht um die Festlegung eines konkreten und operationalen Zielinhaltes für die praktische Wirtschaftspolitik. Es bestehen nämlich in einer pluralistischen Gesellschaft bei den Wirtschaftssubjekten und Wirtschaftsgruppen verschiedenartige Auffassungen darüber, was *Verteilungsgerechtigkeit* bedeutet. Vielfach wird auch die Meinung vertreten, daß die Wirtschaftswissenschaften nicht in der Lage sind, eine begriffliche Festlegung der Gerechtigkeit vorzunehmen, sondern daß dies eine Angelegenheit der Ethik oder der Philosophie wäre. Es lassen sich jedoch Grundsätze für eine gerechte Verteilung der Einkommen und Vermögen feststellen.

a) Gerechte Einkommensverteilung als Ziel der Verteilungspolitik

Dem wirtschaftspolitischen Ziel einer gerechten Einkommensverteilung wird dann entsprochen, wenn eine Reihe von Prinzipien, die unterschiedlich akzentuiert und kombiniert sein können, verwirklicht ist.
(1) So wird bisweilen das Ziel dann als erreicht angesehen, wenn nach dem *Gleichheitsprinzip* eine absolute oder weitgehende Egalisierung des Einkommens der Wirtschaftssubjekte herbeigeführt ist. Dieses — in der Gegenwart in keinem Land der Erde in strenger Auslegung vertretene Ziel — gründet sich

auf die These von der ,,Gleichheit aller Menschen". Dieser Grundsatz wird allerdings dann problematisch, wenn man die vielfältigen ökonomisch relevanten Ungleichheiten der Menschen (nach Alter, Geschlecht, physischer und intellektueller Leistungsfähigkeit) betrachtet, woraus in der Realität gerade — sowohl in der Markt- als auch der Zentralplanwirtschaft — die Einkommensdifferenzierungen resultieren. Das Gleichheitspostulat hat jedoch in der modernen Industriegesellschaft dann seine Bedeutung, wenn verhindert werden soll, daß sich aus der Zugehörigkeit einer bestimmten Gruppe (Rasse, Partei, soziale Klasse, Religion oder Geschlecht) auch eine Ungleichheit im Einkommen ergibt. Von aktueller Bedeutung ist das Gleichheitsprinzip bei der Forderung nach gleicher Bezahlung von Mann und Frau bei gleicher Arbeit, wo es gerade auch in modernen Volkswirtschaften noch keine befriedigenden Regelungen gibt.

(2) Nach der liberalen Auffassung ist eine gerechte Einkommensverteilung dann vorhanden, wenn dem *Leistungsprinzip* entsprochen wird. Es kann dies auch als eine spezielle Anwendung des Gleichheitsgrundsatzes gedeutet werden. Nach dieser Version des Gerechtigkeitspostulats ist aber insbesondere die Messung der individuellen Leistung im Arbeitsprozeß problematisch. Sie wird dem Markt überlassen, auf dem das Individuum aufgrund seines produktionellen Beitrags zum Sozialprodukt einkommensmäßig bewertet wird. Hierbei spielt dann natürlich die unterschiedliche Ausstattung der Wirtschaftssubjekte mit Produktivvermögen und persönlichen Fähigkeiten eine entscheidende Rolle.

Beispiel:

> Die *Lohngerechtigkeit* ist beim Einsatz des Produktionsfaktors Arbeit dann verwirklicht, wenn der gezahlte Lohn und die vollbrachte Leistung übereinstimmen. Die Anpassung des Lohnes an die Leistung wurde als das *Äquivalenzprinzip* bezeichnet, das wie folgt seine spezielle Ausprägung findet:
> — Zum einen in der Übereinstimmung von *Lohnhöhe und Schwierigkeitsgrad* der Arbeit; den unterschiedlichen Anforderungsgraden der Arbeit kann durch eine Lohndifferenzierung Rechnung getragen werden, nach der den verschiedenartigen schwierigen Arbeiten differierende Lohnsätze beizumessen sind.
> — Zum anderen in der Übereinstimmung von *Lohnhöhe und individuellem Leistungsgrad* des Arbeitenden. Soll dem Grundsatz der Äquivalenz von Lohn und Leistung entsprochen werden, so müssen bei gleichem Anforderungsgrad die Leistungsschwankungen zwischen den einzelnen Arbeitssubjekten berücksichtigt werden.

(3) In einer weiteren verteilungspolitischen Konzeption ist die gerechte Einkommensverteilung dann gegeben, wenn nach dem *Bedarfsprinzip* die Einkom-

men aufgeteilt werden. Dabei geht es vor allem um die Berücksichtigung des unterschiedlichen Haushaltsbedarfs aufgrund der verschiedenen Familienstände (Ledige, Verheiratete mit Kindern u.a.); außerdem ist im Rahmen der Vorstellung der Verteilungspolitik ein *Existenzminimum* (als Mindestlohn oder als staatliche Fürsorge bzw. Versorgungsleistung) einkommensmäßig abzusichern. Bei dieser verteilungspolitischen Orientierung ist allerdings die Messung des Bedarfs problematisch, da die individuellen Bedürfnisse der Menschen in kultureller Beziehung grundsätzlich voneinander abweichen. Vor allem wird das Vorgehen stets fragwürdig bleiben, einen ,,objektiven Bedarf'' — etwa im Sinne eines ,,gesellschaftlich anerkannten oder notwendigen Bedarfs'' — zu bestimmen, da hierbei stets von bestimmten gesellschaftspolitischen Vorstellungen ausgegangen wird, die dann für allgemeingültig erklärt werden.

(4) Das Ziel einer *gleichmäßigeren Einkommensverteilung* besteht vor allem darin, die Konzentration der Einkommen und die starke interpersonelle Einkommensdifferenzierung zu mindern. Letztlich geht es darum, die hohen Einkommen zu begrenzen und die niedrigen Einkommen aufzustocken. Obwohl damit sicherlich nicht direkt eine Einkommensnivellierung angestrebt wird, muß darauf geachtet werden, daß sich durch die Verfolgung dieser Zielsetzung keine Verringerung des individuellen Leistungswillens der hohen Einkommensbezieher und keine Einschränkung des Freiheitsspielraums für die selbständig disponierenden Wirtschaftssubjekte einstellt.

Als *operationales Ziel* wird die gerechte Einkommensverteilung in den Marktwirtschaften in dem Sinne angestrebt, daß eine grundsätzliche Ausrichtung am Leistungsprinzip besteht, dieses jedoch dadurch korrigiert wird, so daß gleichfalls eine Orientierung am Bedarfsprinzip erfolgt. Die Realisierung des Leistungsgrundsatzes erfolgt im Rahmen der sich aufgrund der individuellen Marktleistung (Produktionsleistung der Unternehmen, Faktorleistung der Haushalte) ergebenden *Primärverteilung,* die durch die im Rahmen der staatlich beeinflußten *Sekundärverteilung* bei Ausrichtung auf das Bedarfsprinzip und eine gleichmäßigere Einkommensverteilung eine Redistribution erfährt.

b) Gerechte Vermögensverteilung als Ziel der Verteilungspolitik

Das Ziel der gerechten Vermögensverteilung ist unmittelbar mit dem einkommenspolitischen Ziel verbunden, da die Vermögensentwicklung in starkem Maße durch die Einkommensentwicklung und die daraus abgeleiteten Sparmöglichkeiten bestimmt wird. In den vermögenspolitischen Zielsetzungen wird die Schaffung von Vermögen für bislang Eigentumslose, eine breite Streuung des Vermögens, ein Abbau der Vermögenskonzentration, eine Umverteilung des Vermögenszuwachses, speziell beim Produktivvermögen sowie Vermögensbildung in Arbeitnehmerhand, gefordert. Die *Notwendigkeit einer Vermögenspolitik* wird in den verschiedenen gesellschaftspolitischen Konzeptionen sehr unterschiedlich eingestuft.

(1) In einer *liberal-orientierten Begründung* geht es vor allem um das Ziel der Erhaltung und Weiterentwicklung der Marktwirtschaft durch breitere Vermögensstreuung:
— Schaffung eines ,,neuen" Mittelstandes,
— ,,Volkskapitalismus" soll Sozialisierung der Gesellschaft verhindern,
— Erweiterung des Freiheitsspielraums des Individuums durch Eigentum an Vermögensgegenständen,
— Erhöhung der sozialen Absicherung durch Vermögen,
— Abbau und Verhinderung der Vermögenskonzentration bei Privaten und beim Staat zur Aufrechterhaltung einer funktionsfähigen Wettbewerbsordnung,
— Sicherung des Wirtschaftswachstums durch private Spartätigkeit.

(2) Im *freiheitlichen Sozialismus* wird die Kontrollfunktion eines breit gestreuten — organisatorisch in zentralen Kapitalfonds zusammengefaßten produktiven Vermögens — gegenüber wirtschaftlichen Machtpositionen besonders betont. Im einzelnen werden folgende Zielsetzungen angestrebt:
— Leistungsgerechte Beteiligung des Faktors Arbeit am Zuwachs des Produktivvermögens,
— Demokratisierung der Verfügungsrechte an Vermögenstiteln,
— Kontrolle der Unternehmensentscheidungen und Kapitallenkung durch zentrale Kapitalfonds, in welche die Produktivvermögensanteile der Arbeitnehmer eingebracht werden sollen.

(3) Im Rahmen der *christlichen Soziallehren* wird ,,Vermögen für alle" insbesondere deswegen gefordert, um soziale Konflikte in der Gesellschaft abzubauen, zu beseitigen oder zu verhindern, wobei die folgenden speziellen Zielsetzungen bestehen:
— Vermeidung des Entstehens einer ,,Klassengesellschaft von Besitzenden und Nichtbesitzenden",
— Entfaltung der Persönlichkeit des Individuums durch Vermögenseigentum,
— Minderung der Lohnabhängigkeit der Arbeitnehmer.

2.5. Ziele der Prozeßpolitik

Mit der Prozeßpolitik wird auf den sich im Rahmen einer bestimmten gesamtwirtschaftlichen Ordnung und Struktur vollziehenden Ablauf des Wirtschaftsgeschehens Einfluß genommen. Sie will vor allem eine Steuerung quantitativ bestimmbarer gesamtwirtschaftlicher Größen und Relationen zur Erreichung der Ziele der Volkswirtschaftspolitik — Wirtschaftswachstum, hohes Beschäftigungsniveau, Geldwertstabilität und außenwirtschaftliches Gleichgewicht — vornehmen.

a) Wirtschaftswachstum als Ziel der Prozeßpolitik

aa) Begriff und Bestimmung des Wirtschaftswachstums

(1) Allgemein kann Wirtschaftswachstum als eine *Steigerung der Ergebnisse des Wirtschaftens* von einem Zeitraum zum nächsten angesehen werden. Es kann in einer doppelten Ausrichtung verstanden werden:
— Es ist die *Steigerung des realen Sozialprodukts* gegenüber dem jeweiligen Vorjahr; es handelt sich also um die langfristige und stetige Vermehrung der tatsächlichen Güterproduktion, d.h. die Produktion und der Absatz von mehr Waren und Dienstleistungen.
— Diese längerfristige Steigerung der realen Produktionsleistung steht in einer direkten Beziehung zur *Erhöhung des gesamtwirtschaftlichen Produktionspotentials,* also des Einsatzes der Produktionsfaktoren in einer Volkswirtschaft.

Als Maßgrößen des Wirtschaftswachstums werden vor allem die ,,Steigerungsrate des realen Brutto- oder Nettosozialprodukts'' oder ,,die Zunahmerate des realen Sozialprodukts'' pro Kopf der Wohn- oder Erwerbsbevölkerung benutzt.
(2) Eine *Abgrenzung des Wirtschaftswachstums* ist von der *Konjunkturentwicklung* zu treffen. Bei dieser handelt es sich um kurzfristige Produktionsschwankungen um den langfristigen Wachstumstrend einer Volkswirtschaft, wodurch dieser entweder positiv verstärkt oder negativ abgeschwächt wird (vgl. Schaubild 3). Die *wirtschaftliche Entwicklung* ist in einem sehr viel umfassenderen Sinne zu verstehen als das Wirtschaftswachstum. Es bezieht sich nicht nur auf wirtschaftliche, sondern auch auf gesellschaftliche, politische, institutionelle, kulturelle und bildungspolitische Perspektiven, die als Einflußgrößen auf das Wirtschaftswachstum eines Landes von Bedeutung sind. So wird die Wirtschaftsentwicklung in einer Volkswirtschaft durch das Bildungsniveau der Erwerbsbevölkerung, die Möglichkeiten der Arbeitnehmermitbestimmung, das Vorhandensein von Tarifvertragsgesetzen, die Versorgung der Menschen mit Wohnungen u.a. wesentlich mitbestimmt.

Es ist interessant, daß in den meisten Volkswirtschaften die reale Produktionsleistung und das gesamtwirtschaftliche Produktionspotential eine ständige Zunahme erfahren haben. Dabei werden für alle Länder typische Bestimmungsgrößen sichtbar. So gibt es in den verschiedenen Ländern differierende natürliche Rahmenbedingungen (Klima, Standort, Bodenbeschaffenheit), unterschiedliche Motivationen der Menschen zur Arbeit, die nicht selten durch religiöse Einflüsse bestimmt werden (die Bedeutung der Arbeit wird im Christentum grundsätzlich anders bewertet als im Buddhismus), ein unterschiedliches Niveau im Ausbildungs- und Gesundheitswesen, eine unterschiedlich entwickelte Arbeitsteilung in den Volkswirtschaften u.a., woraus sich dann auch selbstverständlich verschiedenartige Impulse auf das Wachstum einer Volkswirtschaft einstellen. Die wichtigsten Wachstumsfaktoren sind in Schaubild 4 aufgeführt.

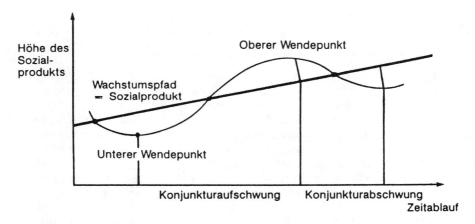

Schaubild 3: Wachstum und Konjunktur

bb) Allgemeines Wachstumsziel

Die Steigerung des realen Sozialprodukts und des Produktionspotentials ist somit das Ergebnis des Wirtschaftsprozesses, auf das im Sinne einer wirtschaftspolitischen Zielsetzung Einfluß genommen werden soll, wenn es nicht den gewünschten Umfang und die entsprechende Qualität erreicht. Das Wachstumsziel wird hinsichtlich der erstrebten Stärke und Ausrichtung unterschiedlich formuliert:

(1) Mit dem Ziel des *stetigen Wirtschaftswachstums* kann sowohl die Beseitigung konjunktureller Schwankungen als auch die Konstanz einer bestimmten Steigerungsrate im Zeitablauf gemeint sein. Auf jeden Fall wird damit die ständige Zunahme der Produktion von Waren und Diensten gegenüber dem jeweils vorhergehenden Zeitraum und die Vermeidung von Wachstumsschüben und -verlusten angestrebt.

(2) Die Zielsetzung eines *angemessenen Wachstums* soll ausdrücken, daß die Erhöhung des Sozialprodukts nicht unter allen Umständen realisiert werden soll; dies wäre etwa beim Ziel einer maximalen Wachstumsrate der Fall, wo sich die Steigerung des Sozialprodukts auch bei Umweltschäden, der Ausbeutung von nichtregenerierbaren Rohstoffen und Energieträgern, der Bedarfsmanipulierung der Konsumenten sowie dem Eintreten einer ungleichen Vermögensverteilung — aufgrund langanhaltender hoher privater Investitionen — ergibt. Beim angemessenen Wirtschaftswachstum soll Rücksicht genommen werden sowohl auf die Möglichkeit der Verwirklichung der anderen Ziele der Wirtschaftspolitik als auch auf die Wachstumsraten im Sozialprodukt der anderen Volkswirtschaften.

(3) Das Ziel des *optimalen Wirtschaftswachstums* beinhaltet den Tatbestand, daß

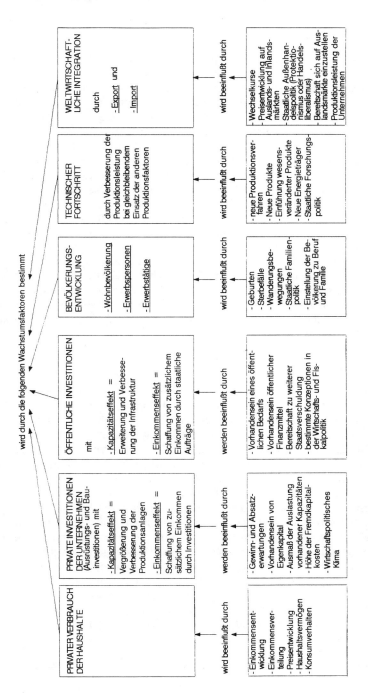

Schaubild 4: Bestimmungsgrößen des Wirtschaftswachstums

neben der Erhöhung der Güterproduktion auch die Erhaltung der freiheitlichen Gesellschaftsordnung und der sozialen Verteilungsgerechtigkeit realisiert wird. Weder aus den Attributen ,,stetig'', ,,angemessen'', noch aus den gleichfalls benutzten Formulierungen ,,optimales'', ,,ausreichendes'', ,,vernünftiges'' oder auch ,,gesundes'' Wirtschaftswachstum, kann ein konkreter Anhaltspunkt für die *Quantifizierung des Wachstumsziels* entnommen werden. Dies bedeutet, daß es keinen allgemeingültigen und anerkannten Maßstab für das Wachstumsziel gibt; es wäre also falsch, wenn etwa 3,5 oder 5,5 % als generelles Ziel der Wachstumspolitik in marktwirtschaftlichen Volkswirtschaften eingestuft würde. Dabei muß auch immer die Ausgangshöhe des Sozialprodukts berücksichtigt werden; eine 4%ige Steigerung des Sozialprodukts, die auf eine Ausgangsbasis von 2 Billionen bezogen ist, macht einen Güterzuwachs um 80 Milliarden aus, während ein 8%iges Wachstum, das auf 200 Milliarden basiert, nur eine Zunahme des realen Sozialprodukts von 16 Milliarden bedeutet.

Trotzdem wird natürlich in der praktischen Wirtschaftspolitik versucht, die anvisierte Trendrichtung einer möglichst hohen Wachstumsziffer unter den konkret gegebenen gesamtwirtschaftlichen Verhältnissen zahlenmäßig zu bestimmen. So hat die Bundesregierung zu Beginn eines jeden Jahres im Rahmen ihres vorzulegenden Jahresberichtes auch eine Zielprojektion im Hinblick auf das Wirtschaftswachstum vorzunehmen.

Beispiel:

> Die in der Bundesrepublik Deutschland Anfang der 1970er Jahre aufgestellten Zielprojektionen von 4—4,5 % durchschnittliche Wachstumsrate des realen Sozialprodukts, sind in der Realität wesentlich unterschritten worden. Die Bundesregierung hatte somit die Wachstumsdynamik als viel zu optimistisch eingestuft. Die gegensätzliche Entwicklung hat sich im Jahre 1990 ergeben: Ausgehend von einem Wirtschaftswachstum von 3,6 % im Jahre 1989, wurde für das Jahr 1990 eine Abschwächung der Wachstumsentwicklung und ein reales Wachstum des Bruttosozialprodukts von rund 3 % erwartet. Man war der Auffassung, daß es sich hierbei nicht um eine konjunkturelle Abschwächung, sondern um eine Normalisierung des Wachstumsprozesses gegenüber den besonderen wirtschaftlichen Impulsen der vergangenen Jahre handeln würde. In der Realität hat sich jedoch das wirtschaftliche Wachstum 1990 unvermindert fortgesetzt. Es stieg von 1989 auf 1990 um 4,6 %, wobei wesentliche Impulse aus der durch die Vereinigung Deutschlands bewirkten starken Erhöhung der Inlandsnachfrage ausgingen. Das jeweils festzulegende Wachstumsziel ist also nicht leicht zu bestimmen und es resultiert aus Einflüssen, die sich auch während eines Jahres nachhaltig wandeln können.

cc) Spezifische Wachstumsziele

Die Verwirklichung eines stetigen und angemessenen Wirtschaftswachstums ist selbstverständlich für sich allein genommen noch keine allgemein verständliche und vernünftige Zielsetzung. Es muß in Ergänzung dazu eine Begründung des Wachstums als wirtschaftspolitisches Ziel mit der Beantwortung der Frage ,,Wachstum wozu?" vorgenommen werden. Das Wachstumsziel der Wirtschaft hat somit eine Reihe nachgeordneter Zielsetzungen.

— Eine *Erhöhung des Lebensstandards* der Bevölkerung wird durch Wachstum erreicht, da sich das Angebot der Unternehmen an Waren und Diensten laufend erhöht; dies führt nicht nur zu einer Sicherung der Grundbedürfnisse, sondern auch zu einer nachhaltigen Erhöhung des Wohlstandes durch mehr Konsumgüter.
— Die *steigenden Staatsleistungen* können nur dadurch finanziert und realisiert werden, daß aus höheren Staatseinnahmen aufgrund zunehmenden Pro-Kopf-Einkommens dem Staat zusätzliche finanzielle Mittel zufließen.
— Der *gesamtwirtschaftliche Strukturwandel* ist bei Wirtschaftswachstum leichter durchzuführen wie bei einer stagnierenden Volkswirtschaft. So ist es in einer wachsenden Wirtschaft möglich, daß Produktionsfaktoren aus Wirtschaftsbereichen mit schrumpfenden Umsätzen, Einkommen und Beschäftigungsmöglichkeiten in jene Branchen überwechseln können, die eine starke Umsatz- und Einkommenssteigerung sowie eine zunehmende Anzahl von Arbeitsplätzen aufweisen (Landwirtschaft, Stahl- und Textilindustrie, Einzelhandel geben Arbeitskräfte an den Dienstleistungsbereich ab).
— Die *Verteilungsgerechtigkeit* kann bei hohem Wachstum besser erreicht werden, da nur die Zuwächse umzuverteilen sind und auch eine Konzentration des Vermögens leichter abgebaut werden kann.
— Eine *soziale Sicherung* ist bei hohen Wachstumsraten besser gegeben, da hierdurch Arbeitslosigkeit abgebaut und neue Arbeitsplätze geschaffen werden sowie durch das hohe Beschäftigungsniveau die Finanzierung der Sozialversicherung gewährleistet ist und auch eine geringere Inanspruchnahme von Versicherungsleistungen notwendig wird.
— Grundlegende *gesellschaftspolitische Ziele,* z.B. sozialer Friede, materielle Freiheit, Demokratie, können bei wirtschaftlichem Wachstum und steigendem Wohlstand wesentlich besser verwirklicht werden als bei Schrumpfung oder Stagnation des Sozialprodukts und den daraus resultierenden Wohlstandseinbußen.

b) Hohes Beschäftigungsniveau (Vollbeschäftigung) als Ziel der Prozeßpolitik

aa) Begriff und Bestimmungsgründe des Beschäftigungsniveaus

Das Beschäftigungsniveau eines Landes wird prinzipiell als die Relation zwischen den beschäftigten Produktionsfaktoren der Volkswirtschaft und der Gesamtheit der vorhandenen Produktionsfaktoren gekennzeichnet. Sie wird grundsätzlich in dem Auslastungsgrad des Produktivvermögens der Volkswirtschaft und/oder des Erwerbskräftepotentials dargestellt. Da es relativ schwierig ist, den Ausnutzungsgrad der vorhandenen Produktionskapazität von Kapital und Boden genau zu messen und — neben der verhältnismäßig leichten Erfaßbarkeit — dem Produktionsfaktor Arbeit in der Volkswirtschaft eine spezifisch ökonomische und gesellschaftliche Bedeutung zukommt, wird dieser — auch stellvertretend für die anderen Produktionsfaktoren — zur Bestimmung des gesamtwirtschaftlichen Beschäftigungsniveaus benutzt. Als *Beschäftigungsindikatoren* sind vor allem von Bedeutung:

(1) Die *Erwerbsquote* gibt an, in welchem Umfang die Beteiligung der Gesamtbevölkerung oder bestimmter Bevölkerungsteile am Erwerbsleben gegeben ist. So kann das Beschäftigungsniveau eines Landes dadurch positiv oder negativ bestimmt werden, daß entweder zu viele oder zu wenige der Erwerbsfähigen — der im Alter zwischen 15 und 65 Jahren stehenden Personen, unabhängig davon, ob sie effektiv einer Erwerbstätigkeit nachgehen oder nicht — im Erwerbsleben stehen. So könnte beispielsweise ein höheres Beschäftigungsniveau dadurch erreicht werden, daß Frauen nach der Zeit der Kinderbetreuung in der Familie wieder partiell oder voll in das Erwerbsleben eintreten. Die Entwicklung der Erwerbsquote geht aus Tabelle 1 hervor.
Es wird ersichtlich, daß sich der Beitrag des Erwerbspotentials quantitativ und prozentual permanent vergrößert hat. Hierdurch sind wichtige Impulse für die Ausdehnung der Wirtschaftsaktivität bzw. der Steigerung des Sozialprodukts zustande gekommen. In besonderer Weise ist zu berücksichtigen, daß sich gerade die weibliche Erwerbsquote in erheblichem Umfange erhöht hat und somit von der verstärkten Erwerbstätigkeit der Frauen wichtige Einflüsse auf die gesamtwirtschaftliche Entwicklung ausgegangen sind.
(2) In der *Arbeitslosenquote* wird die Zahl der von den Arbeitsämtern registrierten Arbeitslosen in einer Prozentzahl zu den abhängigen Erwerbspersonen, d.h. den beschäftigten Beamten, den Angestellten, Arbeitern und auch den Arbeitslosen erfaßt. Sie berücksichtigt nicht die „stille Reserve des Arbeitsmarktes", also die nicht registrierten Arbeitslosen.
(3) Bei der *Kurzarbeit* wird für die Arbeitnehmer eine Reduzierung der betriebsüblichen Arbeitszeit vorübergehend vorgenommen. Sie ergibt sich zumeist aus der wirtschaftlichen Lage der Unternehmen und hat eine entsprechende Lohnreduzierung zur Folge, die jedoch bis zu einem gewissen Grade vom

Tabelle 1: Wohnbevölkerung, Erwerbspersonen und Erwerbsquote in der Bundesrepublik Deutschland

Jahr	Wohnbevölkerung Bundesgebiet (einschl. Westberlin) (in Mio.)	Erwerbspersonen (in Mio.)	Erwerbsquote in %		
			insgesamt	Männer	Frauen
1950	49,99	22,0	46,2	63,2	31,4
1960	55,43	26,6	47,7	63,6	33,6
1970	60,65	27,0	44,0	59,1	30,2
1980	61,57	27,6	44,9	58,4	32,6
1985	60,97	28,89	47,4	60,3	39,7
1989	61,89	29,76	48,0	-	-
1991	63,88	31,36	49,1	-	-
1991*	15,94	8,72	54,7	-	-

* Neue Bundesländer

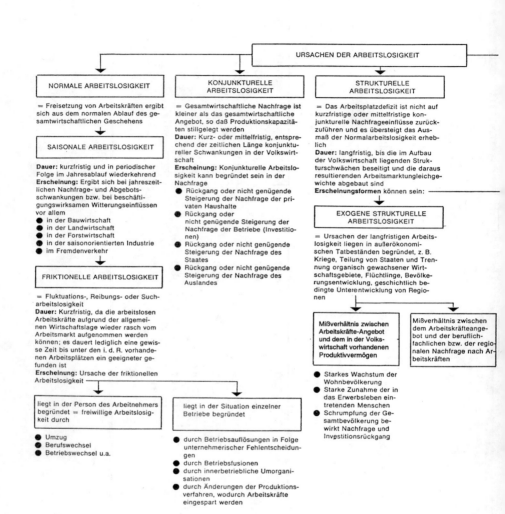

Schaubild 5: Ursachen der Arbeitslosigkeit

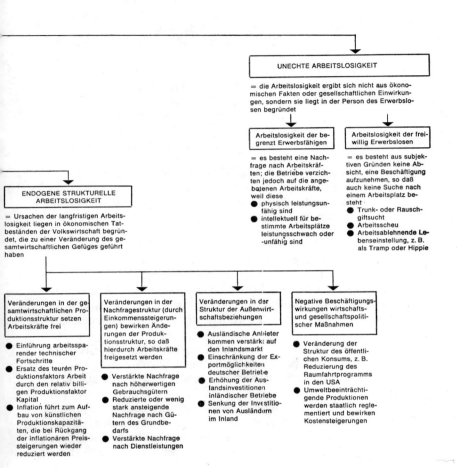

Arbeitsamt durch ein Kurzarbeitergeld ausgeglichen wird. Das Ausmaß der Kurzarbeit als Beschäftigungsindikator kann in doppelter Weise gedeutet werden: Sie ist in der Weise zu sehen, daß Unternehmen nur vorübergehend eine Beschäftigungseinbuße haben und es bald wieder zur vollen Kapazitätsauslastung kommt. In einer negativen Einstufung kann die Kurzarbeit jedoch auch als eine Vorstufe zur Arbeitslosigkeit in den Unternehmen bzw. der Branche angesehen werden.

(4) Die *Zahl der offenen Stellen* gibt an, in welchem Umfange die Unternehmen und sonstige Einrichtungen in der Volkswirtschaft Arbeitskräfte nachfragen. Dabei ergibt sich häufig eine Disparität zwischen der Nachfrage und dem Angebot bestimmter Arbeitsqualifikationen bzw. der Arbeitsmarktsituation in bestimmten Regionen einer Volkswirtschaft.

(5) Eine *versteckte oder latente Arbeitslosigkeit* kann sich in folgenden Beschäftigungslagen ergeben:

— Es erfolgt *keine Registrierung der Arbeitslosen* bei den Arbeitsämtern, so daß sie statistisch auch nicht erfaßt werden können. Es handelt sich somit um die ,,unsichtbaren" Arbeitslosen, die u.U. Arbeitswilligkeit aufweisen, sich jedoch aus individuellen Ursachen nicht bei den Arbeitsämtern als arbeitslos melden.

— Bei einer *Teilzeitbeschäftigung* wäre insofern für einen Arbeitnehmer eine versteckte Arbeitslosigkeit gegeben, wenn er eine Vollzeitbeschäftigung anstrebt, diese jedoch nicht erhält und er eine Teilzeitarbeit akzeptiert.

— Eine *Arbeitslosigkeit am Arbeitsplatz* ist vorhanden, wenn Unternehmen Arbeitnehmer beschäftigen, obwohl keine produktive Arbeit vorhanden ist oder auch längerfristig Arbeitnehmer innerhalb des Betriebes unterbeschäftigt sind.

Für die Beschäftigungspolitik ist es notwendig, diese versteckte Arbeitslosigkeit offenzulegen, so daß für entsprechende Maßnahmen Situationsanalysen gegeben sind, aus denen die gesamtwirtschaftliche Beschäftigungslage klar hervorgeht.

Ein weiteres wichtiges Merkmal der Beschäftigungspolitik besteht darin, die Ursachen der Unterbeschäftigung in einer Volkswirtschaft zu erfassen, da nur hieraus die sinnvollen beschäftigungspolitischen Zielsetzungen formuliert werden können. So sind die entsprechenden Zielsetzungen bei der saisonalen, friktionellen, konjunkturellen oder strukturellen Arbeitslosigkeit außerordentlich vielgestaltig, wie diese in Schaubild 5 zum Ausdruck kommen.

bb) Konkretisierung des gesamtwirtschaftlichen Beschäftigungsziels

Bei der inhaltlichen und quantitativen Bestimmung des prozeßpolitischen Zieles ,,hohes Beschäftigungsniveau" kann keine allgemeine Aussage vorgenommen werden. Dieses wäre dann erreicht, wenn alle arbeitsfähigen und arbeitswilligen Personen in bezug auf einen bestimmten Beruf oder eine allgemeine Tätigkeit bei geltenden Lohnsätzen eine Beschäftigung finden bzw. das sachliche Produktionspotential einen hohen Grad der Ausnützung erreichen würde. In der heutigen mobilen Gesellschaft mit freier Arbeitsplatzwahl, muß jedoch davon ausgegangen werden, daß zu einem bestimmten Zeitpunkt nicht sämtliche Arbeitnehmer beschäftigt sind. So kann sich etwa eine *saisonale Arbeitslosigkeit* (jahreszeitlich bedingte Beschäftigungsschwankungen) und *friktionelle Arbeitslosigkeit* (subjektive oder organisatorische Verzögerungen in der Besetzung offener Stellen durch bislang Arbeitslose) ergeben. Das Ziel der Vollbeschäftigung ist also nicht gleichzusetzen mit der Verhinderung jeglicher Arbeitslosigkeit in einer Volkswirtschaft.

(1) Bei der *quantitativen Festlegung des Ziels eines hohen Beschäftigungsniveaus* muß die konkrete Situation in einem Lande berücksichtigt werden. So wurde bis Anfang der 1970er Jahre in der Bundesrepublik Deutschland — unter dem Einfluß des langfristig hohen gesamtwirtschaftlichen Beschäftigungsgrades — eine Arbeitslosenquote von 0,8 bis 1,0 % als realistisches Beschäftigungsziel angesehen. Die relativ hohe Arbeitslosigkeit seit Mitte der 1970er Jahre hat jedoch dazu geführt, daß diese Zielvorstellung auch langfristig als nicht mehr erreichbar eingestuft und deswegen nach oben korrigiert werden mußte. Im internationalen Vergleich schwankt das Ziel eines hohen Beschäftigungsniveaus bei einer Arbeitslosenquote zwischen 2,5 und 5 %.

(2) In *qualitativer Hinsicht* ist Vollbeschäftigung dann erreicht, wenn konjunkturelle und strukturelle Arbeitslosigkeit beseitigt oder verhindert wurde, wobei im ersten Fall die gesamtwirtschaftliche Nachfrage kurzfristig kleiner als die Produktionsmöglichkeiten und im zweiten Fall ein langfristiges Ungleichgewicht zwischen Arbeitskräften und Arbeitsplätzen bzw. Produktions- und Absatzmöglichkeiten besteht. Die friktionelle und saisonale Arbeitslosigkeit wird somit als unvermeidbar oder wenig beeinflußbar akzeptiert.

(3) Die *Verhinderung einer Überbeschäftigung in der Volkswirtschaft* — die Nachfrage nach Arbeitskräften übersteigt das vorhandene Arbeitskräfteangebot deutlich — ist ebenfalls ein wichtiges Ziel der Beschäftigungspolitik. Es geht nicht nur darum die Unterbeschäftigung zu verhindern, sondern auch einer Überbeschäftigung entgegenzuwirken, da sich hieraus insbesondere negative Auswirkungen auf die Geldwertstabilität bzw. eventuell das Außenwirtschaftliche Gleichgewicht ergeben. Diese resultieren daraus, daß ein Ungleichgewicht auf dem Arbeitsmarkt im Sinne einer stärkeren Nachfrage nach Arbeitskräften im Verhältnis zum Arbeitskräfteangebot Lohnsteigerungsmöglichkeiten herbeiführt. Diese führen dann zu einer Steigerung der privaten Nachfrage, woraus sich dann letztlich inflationäre Tendenzen ergeben können.

c) Geldwertstabilität als Ziel der Prozeßpolitik

aa) Begriff und Bestimmungsgründe der Geldwertstabilität

Bei der Festlegung des Geldwertes ist von Bedeutung, daß das Geld als gesetzliches und allgemein anerkanntes Zahlungsmittel seine wichtigste Aufgabe als Tauschmittel erfüllt. Die Verfügung über Geld an sich ist wenig sinnvoll; entscheidend ist, daß eine bestimmte Geldsumme in eine bestimmte Gütermenge umtauschbar ist, d.h. in einem gewissen Umfange Waren, Dienstleistungen und Produktionsfaktoren durch den Geldeinsatz gekauft werden können. Dabei ist von besonderem Interesse, wieviele Güter man zu einem bestimmten Zeitpunkt für eine Geldsumme erhält und inwieweit sich diese Geld-Güter-Beziehung im Zeitablauf wandelt. Weiterhin ist noch von Belang, ob für einen gewissen Geldbetrag im Inland die gleiche Menge an Gütern gekauft werden kann wie im Ausland. Jede Währung hat somit einen Binnen- und einen Außenwert.

(1) Der *Binnenwert des Geldes* ist gleichzusetzen mit der Kaufkraft des Geldes innerhalb der Volkswirtschaft.

— Da in den modernen Volkswirtschaften keinerlei Bindungen des Geldes an irgendwelche Währungsmetalle (Gold) vorhanden sind, ist somit der *Geldwert der umgekehrte Wert des generellen Preisniveaus*. Je höher die Preise im Durchschnitt steigen, um so mehr Geld muß man für die gleiche Menge an Waren und Dienstleistungen ausgeben, um so niedriger wird daher der Geldwert. Oder umgekehrt: Je stärker die Preise im Durchschnitt sinken, um so weniger Geld muß man für die gleiche Menge an Gütern zahlen, um so höher wird daher der Geldwert.

— Eine *Messung des Binnenwertes des Geldes* müßte normalerweise dadurch geschehen, daß die Preisveränderungen aller Güter in einer Volkswirtschaft im Zeitablauf festgestellt werden. Da dies bei der Vielzahl der in der heutigen Volkswirtschaft vorhandenen Güter praktisch nicht möglich ist, begnügt man sich in der Praxis deswegen damit, den Geldwert anhand der Preisentwicklung besonders wichtiger Waren und Leistungen zu messen.

— Die wichtigste Orientierungsgröße für die Bestimmung des Geldwertes ist der *Preisindex für die Lebenshaltung*. Durch ihn werden die Geldwertschwankungen der wichtigsten Verbrauchsgüter in der Weise gemessen, daß man die Preisveränderungen einer Warengruppe von typischen und laufend gekauften Konsumgütern (Nahrungsmittel, Kleidung, Wohnungsmiete, Verkehrstarife u.a.) allmonatlich von Amts wegen feststellt, veröffentlicht und vergleicht. Es handelt sich also um einen Maßstab für die Preisentwicklung charakteristischer Waren und Dienstleistungen der Lebenshaltung von Haushalten (alle privaten Haushalte oder 4-Personen-Arbeitnehmer-Haushalte). Da sich die Struktur des Verbrauchs im Zeitablauf ändert, müssen auch immer wieder neue Wägungsschemata bei der Bestimmung und Gewichtung der Waren verwandt werden.

(2) Die Feststellung des *Außenwertes des Geldes* ist deswegen von Wichtigkeit, weil die modernen marktwirtschaftlichen Volkswirtschaften stark in die Weltwirtschaft integriert sind. Für export- und importorientierte Unternehmen, für Konsumenten, die Auslandswaren kaufen oder Auslandsreisen durchführen, aber auch für die Staaten, die Zahlungen ins Ausland leisten (Rentenzahlungen, Zahlungen an internationale Organisationen u.a.) ist deswegen die Information von Bedeutung, wieviel an Inlandsgeld eingesetzt werden muß, um im Ausland bzw. wieviel an Auslandsgeld eingesetzt werden muß, um im Inland Güter kaufen zu können. Der Außenwert des Geldes ergibt sich durch zwei Einflußgrößen:

— Der *Wechselkurs* ist der in inländischer Währung ausgedrückte Preis, der für eine fremde Währung bezahlt werden muß. Ein Wechselkurs des US-Dollars von DM 1.50 bedeutet, daß man für einen Dollar DM 1.50 zu bezahlen hat. Hierdurch wird also das Austauschverhältnis zwischen dem Inlands- und Auslandsgeld festgelegt und bestimmt, was man mit DM an in US-Dollar ausgedrückten Gütern kaufen kann.

— Dabei ist allerdings auch die *Preisentwicklung im Ausland* für den Außenwert des inländischen Geldes von Wichtigkeit. So ist es durchaus denkbar, daß durch die Aufwertung der Inlandswährung (1969: 1 US-Dollar = DM 4.—, 1991: 1 US-Dollar = DM 1.50) für deutsche Importeure eine Einfuhrverbilligung für US-Waren sich ergibt. Wenn jedoch diese Waren durch die Preisfestsetzung der US-Unternehmen überproportional teuer geworden sind, so könnte hierdurch der über die Aufwertung bewirkte Verbilligungseffekt wieder aufgehoben werden:

Beispiel:

> Wenn im Jahre 1969 in New York ein Herrenhaarschnitt 10 Dollar kostete, so mußte ein Deutscher bei dem Kurs von 1 Dollar zu DM 4.00 insgesamt DM 40.00 bezahlen. Bis zum Jahr 1991 hat eine Abwertung des Dollars auf 1.50 DM stattgefunden. Vom Wechselkurs her würde nun für einen Deutschen in New York das Haareschneiden billiger geworden sein. Wenn jedoch der Preis für einen Herrenhaarschnitt in den genannten 20 Jahren von 10 auf 30 Dollar gestiegen ist, so muß der Deutsche jetzt insgesamt DM 45.00 bezahlen. Dies bedeutet, daß trotz Aufwertung der DM gegenüber dem Dollar der Außenwert der DM gesunken ist.

(3) Die *Einflußgrößen* auf die Geldwertentwicklung müssen erkannt werden, wenn die richtigen Ziele zur Erhaltung bzw. Herstellung der Geldwertstabilität bzw. der Einsatz der richtigen Instrumente erfolgen soll. Die ökonomischen Inflationsursachen sind in Schaubild 6 wiedergegeben.

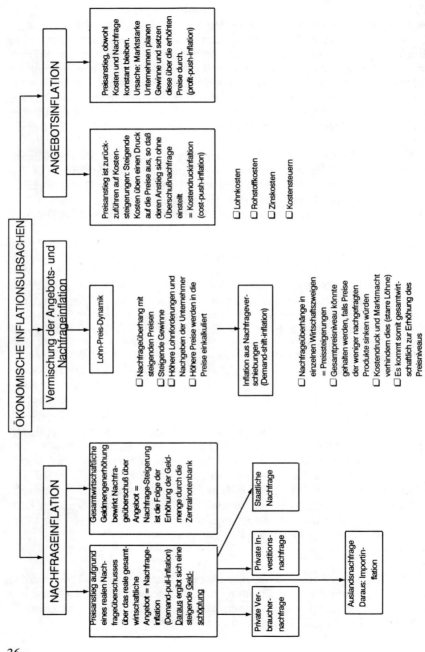

Schaubild 6: Einflüsse auf den Geldwert

bb) Inhalt des Zieles der Geldwertstabilität

Mit dem prozeßpolitischen Ziel der Geldwertstabilität soll sowohl der Binnenwert als auch der Außenwert des Geldes erhalten werden. Die tatsächliche volkswirtschaftliche Entwicklung hat gezeigt, daß eine *absolute Geldwertstabilität* grundsätzlich nicht erreicht werden kann. Deshalb wurde in der wirtschaftspolitischen Zielbestimmung eine Relativierung dieses Zieles vorgenommen. Eine Geldwertstabilität ist danach vorhanden, wenn die Geldentwertung durch die Preissteigerungen für die Masse der Bevölkerung ein erträgliches Maß nicht überschreitet; es handelt sich also um eine *relative Geldwertstabilität*. Das gleiche gilt auch im Hinblick auf den Außenwert des Geldes, der allerdings aufgrund der nichtgegebenen Beeinflussung des Geldwertes von ausländischen Währungen schwieriger zu sichern ist.

(1) Bei der *Quantifizierung der Binnenwertstabilität des Geldes* ist es unmöglich, eine allgemeingültige und in Prozenten ausgedrückte Steigerungsrate des Preisindexes für die Lebenshaltung als wirtschaftspolitisch wünschenswertes Ziel zu benennen. Die Einstufung dessen, was als „erträgliches Maß der Geldwertverschlechterung" zu verstehen ist, zeigt von Land zu Land und im Zeitablauf erhebliche Abweichungen. Es ist dies letztlich auch ein Ergebnis der historischen Erfahrungen einer Bevölkerung mit der Geldwertentwicklung. Wenn — wie in Deutschland — durch zwei große Inflationen (1923 und 1948) die Mehrheit der Bevölkerung beträchtliche materielle Einbußen erlitten hat, so wird der Stabilität des Geldwertes eine sehr hohe Bedeutung beigemessen, was sich naturgemäß wirtschaftspolitisch in der Zielformulierung niederschlägt.

(2) Durch die Verwirklichung einer *hohen Geldwertstabilität in der Bundesrepublik Deutschland* wurden die niedrigen Preissteigerungsraten auch zu wichtigen Orientierungsgrößen für das Stabilitätsziel. Auch noch nach den zu Beginn der 1970er Jahre eingetretenen stärkeren Preissteigerungen hielt 1972 die Bundesregierung für den Zeitraum 1972—1976 eine durchschnittliche jährliche Preissteigerungsrate (Preisindex für die Lebenshaltung) von 2,5 bis 3 % als realistisches Ziel, was sicherlich auf die Ausrichtung an den früher relativ geringen Preiserhöhungen zurückzuführen war. Um den Grundsatz der Zielrealität erfüllen zu können, muß natürlich die zu bestimmende quantitative Zielgröße in einem konkreten Zusammenhang mit der tatsächlichen Situation stehen. So war es wirtschaftspolitisch wirklichkeitsfremd, bei einer Erhöhung des Preisindex für die Lebenshaltung von 6 % im Jahre 1975 für 1976 eine Zielgröße von 2,5 % festzulegen. Grundsätzlich ist jedoch festzustellen, daß im langfristigen Trend in der Bundesrepublik Deutschland das Ziel der Geldwertstabilität in hohem Maße erreicht wurde, ja sogar im Jahre 1986 durch eine Senkung der Verbraucherpreise gegenüber dem Vorjahr um 0,1 % eine Erhöhung der Geldwertstabilität gegenüber dem Vorjahr stattfand.

(3) Die *Notwendigkeit zur Realisierung des Zieles Geldwertstabilität* liegt in der Verhinderung unerwünschter Wirkungen in der Einkommens- und Vermögens-

verteilung, beim Wirtschaftswachstum und bei der Wirtschaftsordnung begründet. Eine Inflation führt zu einer Einkommensbenachteiligung der Rentner und der Masse der Arbeitnehmer, da ihre Einkommen grundsätzlich mit einem gewissen zeitlichen Abstand den Preiserhöhungen folgen, es kommt zu einer Benachteiligung der Gläubiger, es ergeben sich wachstumshemmende Wirkungen aufgrund des Rückgangs der Sparbereitschaft der Bevölkerung und der Fehllenkung von Produktivkräften, die Verkaufschancen auf den Auslandsmärkten sinken bei steigendem inländischen Preisniveau und die sozialen Konflikte verschärfen sich. Letztlich ergibt sich eine Beeinträchtigung der marktwirtschaftlichen Ordnung überhaupt, da bei ständigen und anhaltenden Preissteigerungen die Preise ihre Funktion als Knappheitsmesser für Angebot und Nachfrage von Gütern verlieren. So weist Walter Eucken darauf hin, daß ,,alle Bemühungen, eine Wettbewerbsordnung zu verwirklichen ... umsonst sind, so lange eine gewisse Stabilität des Geldes nicht gesichert ist." (Grundsätze der Wirtschaftspolitik, Tübingen/Zürich 1952).

d) Außenwirtschaftliches Gleichgewicht als Ziel der Prozeßpolitik

aa) Notwendigkeit des Zieles Außenwirtschaftliches Gleichgewicht

Die Bundesrepublik Deutschland hat als offene Volkswirtschaft einen *sehr hohen Verflechtungsgrad mit dem Ausland,* der zukünftig sicherlich noch zunehmen wird und es ist außerdem noch eine weitgehende *Liberalisierung des Waren- und Kapitalverkehrs* im Rahmen internationaler Abmachungen und Verträge (EG, GATT u.a.) vorhanden. Deswegen besteht die Gefahr, daß sich aus dieser außenwirtschaftlichen bzw. politischen Situation Einflüsse auf die Stabilität der Volkswirtschaft ergeben können. Aus diesem Grunde wurde das Ziel einer *außenwirtschaftlichen Stabilität* im Sinne eines ,,Außenwirtschaftlichen Gleichgewichts" formuliert, das im Gegensatz zu den Zielen Wirtschaftswachstum, hohes Beschäftigungsniveau und Geldwertstabilität einen stark technisch instrumentalen Charakter hat und das als prozeßpolitisches Ziel nicht ohne weiteres verständlich ist. So gibt es nicht wenige, die auf der Grundlage merkantilistischer Wirtschaftsvorstellungen die Exportüberschüsse als Ausdruck gesamtwirtschaftlicher Leistungsfähigkeit ansehen, was natürlich in der heutigen weltwirtschaftlichen Lage als eindeutig falsch einzustufen ist.

(1) Im *volkswirtschaftlichen Rahmen* soll das außenwirtschaftliche Gleichgewicht eine binnenwirtschaftliche Stabilität herbeiführen und erleichtern. Es sollen sich von der außenwirtschaftlichen Einbindung der Volkswirtschaft keine negativen Einflüsse auf die Wachstums-, Beschäftigungs- oder Geldwertsituation ergeben. Es ist nämlich durchaus möglich, daß durch die Gefährdung der außenwirtschaftlichen Stabilität — ein Land importiert zuviel an Waren aus dem Ausland und lebt deswegen über seine Verhältnisse, woraus sich langfristig eine internationale Zahlungsunfähigkeit ergibt oder ein Land exportiert zu

viel Güter ins Ausland und bewirkt dadurch eine importierte Inflation — negative und problematische Impulse für die gesamte Volkswirtschaft einstellen. Außenwirtschaftliche Ungleichgewichte können somit binnenwirtschaftliche Beschäftigungs-, Wachstums- und Geldwertprobleme schaffen.

(2) Im *weltwirtschaftlichen Rahmen* soll das Außenwirtschaftliche Gleichgewicht die Basis für eine weitgehende Nutzung der Möglichkeiten einer *internationalen Arbeitsteilung* sein, deren Vorteile in folgenden Tatbeständen liegen:
— Ausnutzung von *Kostenvorteilen bei der Güterherstellung* in den einzelnen Volkswirtschaften.
— *Produktionsspezialisierung* in einzelnen Ländern und die zur Verfügungstellung der entsprechenden Leistungen in den anderen Volkswirtschaften.
— *Erhöhung der Kaufmöglichkeiten* der Verbraucher und Unternehmen aus der internationalen Verflechtung, was zu einer umfassenden und vielfältigen Versorgung mit Konsum- und Investitionsgütern führt.
— *Erhöhung des Wettbewerbs* zwischen den Volkswirtschaften und damit eine generelle gesamtwirtschaftliche Leistungssteigerung aufgrund des zusätzlichen ausländischen Angebots am Binnenmarkt.

bb) Begriff und Bestimmungsgründe des Außenwirtschaftlichen Gleichgewichts

Ein Außenwirtschaftliches Gleichgewicht ist dann vorhanden, wenn sich die folgenden Bedingungen erfüllen lassen:
(1) Es muß ein *Ausgleich der Zahlungseingänge und -ausgänge* im internationalen Güter- und Kapitalverkehr zwischen dem Inland und dem Ausland gegeben sein. Es dürfen nicht zu viele Zahlungen, etwa aufgrund von Exportüberschüssen in die Volkswirtschaft hereinkommen — dies würde eine importierte Inflation bedeuten — und es dürfen nicht zu viele Zahlungen aus dem Inland an das Ausland aufgrund von Importen durchgeführt werden, weil sich hierdurch letztlich — wenn keine Kredite mehr gewährt werden oder die Währungsreserven aufgebraucht sind — eine Zahlungsunfähigkeit der Volkswirtschaft im internationalen Zahlungsverkehr ergeben würde.
(2) Es wird die *Verwirklichung eines Zahlungsbilanzgleichgewichts bzw. von Teilbilanzen der Zahlungsbilanz* angestrebt. Der ,,Sachverständigenrat für die gesamtwirtschaftliche Entwicklung" ist der Meinung, daß ein Außenwirtschaftliches Gleichgewicht dann realisiert wäre, wenn bei konstanten oder flexiblen Wechselkursen die Zahlungseingänge und -ausgänge der Volkswirtschaft im Güter- und Kapitalverkehr, also die autonomen Transaktionen, ausgeglichen wären. Dabei handelt es sich um jene Zahlungsvorgänge, die unabhängig von der jeweiligen Zahlungsbilanzlage erfolgen. Es zählen hier insbesondere alle normalen Außenhandelsgeschäfte, Kapitalexporte und -importe, die auf privaten Entscheidungen beruhen, aber auch eine öffentliche Kreditaufnahme im Ausland, wenn diese nicht aus zahlungsbilanzpolitischen Gründen heraus durchgeführt wird.

Diese Transaktionen müßten also geschehen, ohne daß vom Inland oder Ausland *induzierte Transaktionen* (also Anpassungstransaktionen zwischen In- und Ausland mit der Absicht einen nicht vorhandenen Zahlungsbilanzausgleich herbeizuführen, z.B. durch Schuldenmoratorien, internationale öffentliche Kreditgewährung) vorgenommen werden.
(3) Die *Konstanz der Währungsreserven* ist ein weiteres Element des Außenwirtschaftlichen Gleichgewichts, das insbesondere die Zielsetzung hat, die laufende Zahlungsfähigkeit der Volkswirtschaft, bei festen oder flexiblen Wechselkursen zu gewährleisten.
(4) Das Außenwirtschaftliche Gleichgewicht erfordert außerdem — und hierdurch unterscheidet es sich vom bloßen Zahlungsbilanzgleichgewicht mit einem Nullsaldo — daß sich bei seiner Realisierung *keine nachhaltigen negativen Auswirkungen auf den Wirtschaftsablauf* des Inlandes ergeben. So darf durch die wirtschaftspolitisch bedingte Herbeiführung des Außenwirtschaftlichen Gleichgewichtes weder die Geldwertstabilität, noch das Wirtschaftswachstum und die gesamtwirtschaftliche Beschäftigungslage beeinträchtigt werden.

cc) Quantifizierung und Notwendigkeit des Zieles Außenwirtschaftliches Gleichgewicht

Die Operationalisierung des Zieles ,,Außenwirtschaftliches Gleichgewicht'' ist problematisch und nicht klar festzulegen. In der Realität der meisten marktwirtschaftlich ausgerichteten Volkswirtschaften wird die quantitative Bestimmung des Zieles Außenwirtschaftliches Gleichgewicht bei flexiblen und bei festen Wechselkursen über die *Leistungsbilanz* als Kriterium der Beurteilung herangezogen.
(1) Ein *positiver Außenbeitrag* in Höhe einer bestimmten prozentualen Relation am Bruttosozialprodukt wird grundsätzlich als außenwirtschaftliches Stabilitätsziel festgelegt.
(2) Zur *Erwirtschaftung von Nettokapitalexporten* ist jeweils ein Leistungsbilanzüberschuß anzustreben, der sich prozentual von Jahr zu Jahr in Bezug auf das Bruttosozialprodukt ändern kann. In gleicher Weise wie andere hochindustrialisierte Volkswirtschaften ist es auch die Aufgabe der Bundesrepublik Deutschland, zur Realisierung eines weltweiten Außenwirtschaftlichen Gleichgewichts über Kapitalexporte, etwa in Form von Direktinvestitionen, zur Deckung des Kapitalbedarfs in den Ländern der Dritten Welt einen Beitrag zu leisten.
(3) Die *Quantifizierung der Zielgröße* des Außenwirtschaftlichen Gleichgewichtes, das nach § 1 des Stabilitäts- und Wachstumsgesetzes durch Bund und Länder herbeizuführen ist, ist unterschiedlich. In einer 1968 bis zum Jahre 1972 aufgestellten Zielprojektion wurde von der Bundesregierung das Außenwirtschaftliche Gleichgewicht dann als realisiert angesehen, wenn der Außenbeitrag 1 % des Bruttosozialprodukts ausmachte; für 1973 wurde der Anteil auf 1,5 %

und für 1976 auf 2,5 % festgesetzt. Durch die verstärkte Integration der deutschen Volkswirtschaft in das Weltwirtschaftsgeschehen, ergab sich auch eine Erhöhung der Prozentzahl des Außenbeitrags; in den Jahreswirtschaftsberichten 1989 und 1990 wurde der Außenbeitrag mit 4,5 % positivem Anteil am Sozialprodukt festgelegt. Bei Abweichungen von diesen Zielgrößen besteht nach Auffassung der wirtschaftspolitischen Träger ein außenwirtschaftliches Ungleichgewicht und die Notwendigkeit des Staates, wirtschaftspolitisch zu intervenieren.

(4) Die *Ursachen der Störung* des Außenwirtschaftlichen Gleichgewichtes können aus konjunkturellen oder strukturellen Einflüssen herrühren. Ein Konjunktureinfluß im Hinblick auf die Steigerung des Außenbeitrages könnte beispielsweise daraus resultieren, daß sich in den Hauptpartnerländern des Außenhandels nachhaltige kurz- bzw. mittelfristige Wirtschaftsaufwärtsentwicklungen ergeben, die auch zu einer verstärkten Nachfrage nach Gütern aus dem Inland führen. Ein Strukturproblem für einen niedrigen oder negativen Außenbeitrag könnte darin zu erblicken sein, daß die gesamte inländische Volkswirtschaft in nicht ausreichender Weise auf die Exportmärkte eingestellt ist.

(5) Die *Notwendigkeit der Realisierung des Zieles Außenwirtschaftliches Gleichgewicht* ist sowohl für Überschuß- als auch für Defizitländer im Außenwirtschaftsverkehr von Bedeutung.

— In den *Überschußländern* sind folgende Gründe zur Zielverwirklichung zu nennen: Da bei Zahlungsbilanzüberschuß ein Teil des Sozialprodukts exportiert wird und dafür Zahlungen an das Überschußland geleistet werden, kommt es auf dem Inlandsmarkt zu einem Ungleichgewicht zwischen der effektiven Nachfrage und dem gesamtwirtschaftlichen Angebot, also zu einer *importierten Inflation;* der Bevölkerung wird ein Teil des von ihr erzeugten Sozialproduktes vorenthalten; Produktionsfaktoren werden in hohem Maße in die Exportwirtschaft gelenkt und es kommt somit eventuell zu strukturellen Ungleichgewichten in der industriellen Kapazität. Außerdem ist bei längerfristigen Zahlungsbilanzüberschüssen bei festen Wechselkursen und einer starken Betonung des Ziels der Geldwertstabilität die ständige Gefahr einer Devisenspekulation mit erheblichen Liquiditätsschwemmen vorhanden, da immer eine Aufwertung der Inlandswährung vermutet wird, durch die Kursgewinne möglich werden.

— Bei *Defizitländern* ergeben sich bei einem längerfristigen Nichterreichen des Außenwirtschaftlichen Gleichgewichtes umgekehrte Wirkungen: Es kommt zu deflatorischen Effekten mit der Tendenz zu einer gesamtwirtschaftlichen Unterbeschäftigung; das Defizitland lebt über seinen wirtschaftlichen Möglichkeiten, da es mehr konsumiert als es erzeugt; wenn die Handelspartner keine Kredite mehr zum Ankauf von Gütern gewähren oder die Währungsreserven des Defizitlandes aufgebraucht sind, muß dieses seine internationale Zahlungsunfähigkeit erklären. Wenn als prozeßpolitisches Ziel die Deutsche Bundesregierung einen positiven Außenbeitrag von bis zu 4,5 % anstrebt, so bedeutet dies, daß die deutsche Volkswirtschaft ihren Handelspartnern ständig mehr an Waren und Dienstleistungen zur Verfügung stellen will, als sie selbst von ihnen bezieht. Wenn man sich jedoch bewußt wird, daß die deutsche Volkswirtschaft aufgrund ihrer Verpflichtungen aus der Entwicklungshilfe, den Überweisungen der Gastarbeiter, den starken Ausgaben der Deutschen im Reiseverkehr, den Ausgaben an internationale Organisationen (EG, UNO u.a.) ständig einen Devisenabfluß hat, dann wäre sie bei einer Entsprechung von Exporten und Importen innerhalb einer kurzen Zeit international nicht mehr zahlungsfähig. Deswegen ist es notwendig, einen positiven Beitrag anzustreben, um damit die Devisenabflüsse ausgleichen zu können.

2.6. Ziele der Umweltpolitik

a) Wesen der Umwelt und die Umweltproblematik

aa) Begriff und Funktionen der Umwelt

Jedes Unternehmen und jeder Haushalt existiert in einer bestimmten Umwelt, woraus eine Vielzahl von Einflußgrößen auf ihre Situation resultiert; die Wirtschaftssubjekte ihrerseits beeinflussen laufend und durch viele Impulse ihre eigenen Umweltbedingungen. Es ist deshalb wirtschaftspolitisch wichtig, den Beziehungszusammenhang zwischen den Wirtschaftssubjekten und ihrer Umwelt ständig zu analysieren und gegebenenfalls darauf Einfluß zu nehmen, um problematische Entwicklungen aufzuhalten, abzuschwächen oder zu verhindern.
(1) In einer *weiten Begriffsbestimmung* ist die Umwelt die Gesamtheit aller existenzbeeinflussenden Elemente, welche die Rahmenbedingungen des Wirtschaftens der Haushalte, der Unternehmen und des Staates bestimmen. Somit gibt es:
— Eine *rechtliche Umwelt*, in der für Haushalte und Unternehmen die Möglichkeiten ihres Handelns durch Gesetze und Verordnungen festgelegt sind;
— eine *technologische Umwelt*, die durch den Stand des technischen Wissens und die Realisierung technischer Fortschritte charakterisiert wird;
— eine *wirtschaftliche Umwelt*, die durch die Situation der Welt- und Volkswirtschaft, der Branchen, der Beschaffungs- und Absatzmärkte bestimmt wird;
— eine *soziologische Umwelt* (soziales Umfeld), das durch den Verbund der Wirtschaftssubjekte mit anderen Haushalten und Unternehmen sowie Gruppen beeinflußt wird, wobei auch deren soziales Verhalten (Freizeitverhalten, kulturelle Normen, Einstellung zur Arbeit, politisches Verhalten u.a.) eine Rolle spielt;
— die *biologisch-ökologische oder natürliche Umwelt*, wobei ein ökologisches System mit den Faktoren Lebewesen (Mensch, Tier und Pflanze, Luft, Gewässer und Boden) und den zwischen diesen vorhandenen Relationen gemeint wird.

(2) Der *engere Begriff der Umwelt* bezieht sich auf die zuletzt genannte *natürliche Umwelt* und die durch die Natur gegebenen Ressourcen (Bodenschätze, Bodenqualität, Luft- und Wasserqualität). Es sind aber auch andere Einflußgrößen der ökologischen Rahmenbedingungen gemeint, z.B. Lärm, Müll u.a. Durch diese Umweltfaktoren wird sowohl die Qualität des Lebens der Menschen als auch der Möglichkeiten der Betätigung der Unternehmen nachhaltig bestimmt.
(3) Die *Funktionen der natürlichen Umwelt* liegen in folgenden Tatbeständen:
— In der Zurverfügungstellung von *Gütern zur Befriedigung von Existenzbedürfnissen* für die Menschen, etwa Ernährungsgüter, Trinkwasser, saubere Luft;
— Produktion von *Waren aus den natürlichen Ressourcen,* z.B. Bodenschätze, Holz, Energieträger wie Mineralöl, Kohle oder Solarenergie;
— Die *Aufnahme von Rückständen aus der Erzeugung und dem Verbrauch von Waren,* wobei berücksichtigt werden muß, daß bestimmte Güterrückstände überhaupt nicht oder nur in begrenztem Umfange abgebaut werden können.

bb) *Umweltproblematik in der modernen Volkswirtschaft*

Das Umweltproblem in den modernen Volkswirtschaften wird dadurch hervorgerufen, daß es zu einer Übernutzung und Überbelastung der natürlichen Umwelt und der Ressourcen kommt. Dies resultiert aus den folgenden Ursachen:
(1) Die Umweltgüter werden häufig als *freie Güter* angesehen, die im Grunde genommen nichts kosten und deswegen auch exzessiv benutzt werden. In Wirklichkeit handelt es sich aber um knappe Güter, da sie menschliche Bedürfnisse befriedigen. Das Problem besteht allerdings darin, daß die Umweltgüter grundsätzlich nicht vom Marktmechanismus erfaßt und somit keine Preise aufgezeigt werden.
(2) Ein *umweltschädliches Verhalten* der Wirtschaftssubjekte ist auch darin zu erblicken, daß sie deswegen individuell zur Umweltsicherung nichts beitragen, solange dies die anderen Haushalte und Unternehmen ebenfalls nicht tun.
(3) Das *quantitative Wirtschaftswachstum* beinhaltet die mengenmäßige Steigerung der Güterproduktion und des Konsums. Dies bedeutet zum einen, daß die natürlichen Ressourcen unwiderbringlich abgebaut werden (auf der Erde gibt es eben nur eine bestimmte Menge an Mineralöl und Kohle) und zum anderen aufgrund der steigenden Produktion von Waren und des entsprechenden Konsums Schadstoffe und Abfälle an die Umwelt abgegeben werden. Diese Problematik kommt auch in dem Bericht des Club of Rome über ,,Die Grenzen des Wachstums" aus dem Jahre 1972 zum Ausdruck, wenn die dortigen Schlußfolgerungen wie folgt lauten: ,,Wenn die gegenwärtige Zunahme der Weltbevölkerung, der Industrialisierung, der Umweltverschmutzung, der Nahrungsmittelproduktion und der Ausbeutung von natürlichen Rohstoffen unverändert anhält, werden die absoluten Wachstumsgrenzen auf der Erde im Laufe der nächsten 100 Jahre erreicht." (D. Meadows, Die Grenzen des Wachstums, 1972).

(4) Auch die *Betriebskonzentrationen,* die grundsätzlich mit der Agglomeration von Industriestandorten, Arbeits- und Wohngebieten verbunden sind, führen zu verstärkter Umweltbeeinträchtigung. Dabei zeigt es sich, daß insbesondere die Standortentscheidung der Unternehmen nicht primär von Umweltgesichtspunkten beeinflußt wird, sondern andere Standortfaktoren (Bedarf, Wettbewerb, Kosten u.a.) wesentlich gewichtiger sind.

(5) Auch *einzelne Wirtschaftsbranchen* (chemische Industrie, Kohlekraftwerke, Landwirtschaft, u.a.) tragen durch die Eigenart ihrer Produktion ebenfalls zur Umweltbeeinträchtigung bei, sofern sie keine Schutzmaßnahmen dagegen einsetzen, was heute in der Regel der Fall ist.

(6) Selbstverständlich gehört es geradezu zum Wesen des Wirtschaftens, daß in die *natürliche Umwelt eingegriffen* werden muß. Derartige Eingriffe sind die Bedingung (Einsatz von Rohstoffen) und die Folge von Erzeugung und Verbrauch. Es sind Entnahmen aus der Umwelt (Wasser, organische Stoffe u.a.) und Abgaben an die Umwelt (Abfälle, Abwässer, Lärm, Umwelt, Chemikalien).

b) Umweltpolitische Grundsätze und Ziele

Lange Zeit wurde in den meisten Staaten der Erde die Umweltproblematik überhaupt nicht erkannt. Man war gewissermaßen der Meinung, daß die Umwelt für Produzenten und Konsumenten frei zur Nutzung zur Verfügung stehen würde. Seit den 1970er Jahren wurde jedoch die Umweltpolitik als eine wichtige Staatsaufgabe angesehen und ihre Ziele als wichtige wirtschaftspolitische Zielsetzungen eingesetzt. Es gibt in der Bundesrepublik Deutschland sogar Überlegungen, daß der Umweltschutz als wichtige Aufgabe für die Gesellschaft in das Grundgesetz aufgenommen werden soll. Es wurden in der Zwischenzeit auch wesentliche Grundsätze und Zielsetzungen für die Umweltpolitik formuliert:

aa) Hauptprinzipien der Umweltpolitik

(1) Das *Verursacherprinzip* hat das Ziel, daß die Aufwendungen zur Verhinderung, der Beseitigung oder zum Ausgleich der Umweltbeeinträchtigungen jenem angelastet werden, der sie verursacht. Dabei besteht grundsätzlich die Absicht, eine Steuerung des Umweltverbrauches über den Preis zu realisieren. Hinsichtlich der Verwirklichung des Verursacherprinzips gibt es allerdings Probleme, die vor allem darin liegen, daß der Verursacher der Umweltschäden nicht oder nicht exakt festgestellt werden kann, grenzüberschreitende Umweltbelastungen vorhanden sind, die für den einzelnen Staat nicht erfaßt werden können und bei komplexen Umweltschäden (Waldsterben) es eine Vielzahl von Verursachern geben kann.

(2) Das *Vorsorgeprinzip* ist darauf ausgerichtet, daß Beeinträchtigungen der

Umwelt von vornherein verhindert werden sollen und eine Inanspruchnahme der natürlichen Grundlagen, etwa durch Nutzungsverbote oder durch Beschränkungen erreicht werden sollen.

(3) Beim *Gemeinlastprinzip* werden die Kosten der Umweltpolitik (Beseitigung von Umweltbeeinträchtigungen oder Erhöhung der Umweltqualität) von der öffentlichen Hand getragen. Dieser Grundsatz der Umweltpolitik wird dann angewandt, wenn die Verursacher von Umweltschäden nicht erkennbar oder akute Umweltbeeinträchtigungen zu beseitigen sind. Die Problematik des Gemeinlastprinzips besteht darin, daß kein Impuls zur Vermeidung von Umweltschäden bei den Verursachern besteht und diese gegebenenfalls sogar noch geneigt sind, ihre schädigende Umweltbenutzung auszudehnen.

(4) Im *Kooperationsprinzip* wird angestrebt, daß alle gesellschaftlich relevanten Gruppen sich am Willensbildungs- und Entscheidungsprozeß der Umweltpolitik beteiligen, ohne daß dadurch die Funktionen des Parlaments und der Regierung eingeschränkt werden. Die Zielsetzung besteht darin, eine Hilfsfunktion für die Entscheidungsträger der Umweltpolitik zu geben, mögliche Konflikte zwischen den verschiedenen gesellschaftlichen Kräften rechtzeitig zu erkennen und entsprechende Kompromisse herbeizuführen. Das Kooperationsprinzip als Grundsatz der Umweltpolitik kann als die Klammer des Verursacher-, Vorsorge- und Gemeinlastprinzips angesehen werden.

bb) Zielinhalte der Umweltpolitik

Die grundlegende umweltpolitische Zielsetzung besteht darin, die Einschränkung der Umweltbelastung auf ein erträgliches Maß und eine Erhöhung der Umweltqualität zu erreichen, damit die gesellschaftliche Wohlfahrt insgesamt erhalten oder erhöht werden kann. Im einzelnen werden folgende Ziele angestrebt:

(1) Das *gesundheitspolitische Ziel* ist darin zu erblicken, eine Sicherung der Gesundheit von Mensch und Tier sowie ein menschenwürdiges Dasein in den Umweltbedingungen zu verwirklichen.

(2) Im *Ressourcenschutzziel* wird der Schutz von Boden, Luft, Wasser, Pflanzen- und Tierwelt angestrebt.

(3) Das *Sanierungsziel* ist darauf ausgerichtet, jene Schäden und Nachteile in der Umwelt zu beseitigen, die aus menschlichen Eingriffen in der Produktion und Konsumtion entstanden sind.

Diese umweltpolitischen Ziele sind identisch mit den im Umweltprogramm der Bundesregierung 1971 festgelegten Zielsetzungen, deren meßbare Operationalisierung jedoch sehr schwierig vorzunehmen ist. Dies könnte beispielsweise dadurch geschehen, daß gesamtwirtschaftliche oder regionale Umweltbilanzen aufgestellt werden.

2.7. Zielbeziehungen in der Volkswirtschaftspolitik

In der praktischen Volkswirtschaftspolitik werden die einzelnen Ziele oder Zielbereiche selbstverständlich nicht isoliert voneinander angestrebt. Es ist vielmehr der Versuch erkennbar, eine Vielzahl und Vielfalt von Zielen gleichzeitig zu realisieren. Dabei muß davon ausgegangen werden, daß die vielen und zum Teil sehr unterschiedlichen Ziele grundsätzlich in irgendeinem — wenn auch bisweilen sehr weit gespannten — Zusammenhang stehen. Es ist deshalb von Bedeutung, wie sich die Einzelziele zueinander und im Verhältnis zum gesamten Zielbündel verhalten, insbesondere ob sie miteinander verträglich sind.

a) Typische Zielbeziehungen in der Volkswirtschaftspolitik

Die Zielbeziehungen in der Volkswirtschaftspolitik können in verschiedenartigen logischen Verbindungen auftreten:

aa) Wirkungszusammenhang volkswirtschaftspolitischer Ziele

Im Wirkungszusammenhang oder Bedingungsverhältnis volkswirtschaftspolitischer Ziele wird überprüft, inwieweit sich durch die Realisierung eines Zieles Einflüsse auf die Verwirklichungen weiterer Zielsetzungen ergeben.
(1) Die Relation zwischen *Vor- und Nachzielen* (Ober- und Unterziele) der Volkswirtschaftspolitik kommt darin zum Ausdruck, daß die Verwirklichung des ,,Vorzieles Effekte ursächlich ausgelöst werden, die vorausschaubar bzw. vorausberechenbar sind und zur Realisierung des Nachzieles führen." (H. Ohm, Allgemeine Wirtschaftspolitik, 2. Auflage, Berlin 1974). Im Hinblick auf das Nach- oder Oberziel nimmt das Vor- oder Unterziel also Mittelcharakter an, d.h. mittels seiner Hilfe kann die letztlich angestrebte Richtung erreicht werden. Diese Differenzierung der Ziele setzt voraus, daß die Kausalbeziehung zwischen ihnen nur in einer Richtung (vom Vor- zum Nachziel hin) wirkt und sich keine umkehrbaren Effekte einstellen.
(2) Eine weitere formale Unterteilung läßt sich in *volkswirtschaftspolitische Haupt- und Nebenziele* durchführen. Das Unterscheidungsmerkmal liegt darin, daß die Realisierung eines Zieles außer dem in erster Linie angestrebten Hauptziel auch noch die Verwirklichung weiterer Ziele möglich macht. Diese bei der Durchsetzung des Hauptzieles sich ergebenden Nebenwirkungen werden selbstverständlich nur dann in den Rang von Nebenzielen erhoben, wenn sie von der Volkswirtschaftspolitik erwünscht sind. Die negativen und nicht gewollten Nebeneffekte des Hauptzieles müssen erkannt und ausgeräumt werden.
Der Wirkungszusammenhang volkswirtschaftspolitischer Ziele und Instrumente geht aus Schaubild 7 hervor. Hier wird zunächst primär das Ziel Wirtschaftswachstum ins Auge gefaßt, wodurch sich jedoch positive Nebenwirkungen auf

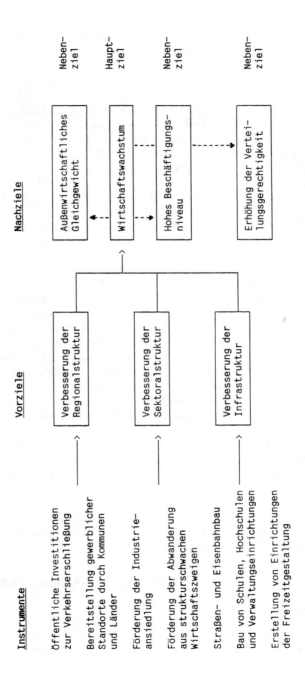

Schaubild 7: Wirkungszusammenhang volkswirtschaftlicher Ziele und Instrumente

gleichrangige Ziele ergeben und die Notwendigkeit besteht, entsprechende Vorziele zunächst zu realisieren.

bb) Zuordnungsverhältnis volkswirtschaftspolitischer Ziele

Im Zuordnungsverhältnis volkswirtschaftspolitischer Ziele wird die Vereinbarkeit von Zielen innerhalb eines Zielbündels analysiert. Die diesbezüglichen Zielbeziehungen wurden zuerst von W.A. Jöhr (W.A. Jöhr, H.W. Singer, Die Nationalökononmie im Dienste der Wirtschaftspolitik, 2. Auflage 1969), in 5 mögliche Zielrelationen gebracht.

(1) Bei der *Zielidentität* ist eine Deckungsgleichheit der formulierten Ziele, die nur unterschiedlich benannt sind, vorhanden (z.B. Preisstabilität bzw. Verhinderung der Geldwertverschlechterung).

(2) Bei der *Zielneutralität* hat die Verwirklichung eines Zieles überhaupt keinen Einfluß auf andere Ziele (Existenzsicherung der Bergbauern in den Alpen tangiert nicht das Ziel des Außenwirtschaftlichen Gleichgewichts).

(3) Die *Zielharmonie* liegt dann vor, wenn durch die Verwirklichung eines Zieles die Erreichung eines anderen Zieles sofort oder mit einer gewissen zeitlichen Verzögerung begünstigt wird (Erhöhung des gesamtwirtschaftlichen Beschäftigungsniveaus führt zur Steigerung des Wirtschaftswachstums).

(4) Eine *Zielwidersprüchlichkeit* ist dann gegeben, wenn die Herbeiführung eines bestimmten Zieles die Realisierung eines anderen Zieles total unmöglich macht (gleichzeitiges Anstreben der Unternehmenskonzentration und eines atomistischen Wettbewerbs als Leitbild der Wettbewerbspolitik; gleichzeitige Erhöhung der Lohnquote und der Gewinnquote).

(5) Bei der *Zielantinomie* führt die Realisierung eines Zieles zur Beeinträchtigung von anderen Zielen, die sich jedoch bis zu einem gewissen Grad trotzdem erreichen lassen (Realisierung des Zieles des Außenwirtschaftlichen Gleichgewichtes bedeutet u.U. eine Verschlechterung der Geldwertstabilität).

Zwischen den Hauptzielbereichen der Volkswirtschaftspolitik und innerhalb bestimmter Zielbereiche bestehen vielfältige Zielbeziehungen. So werden innerhalb der Ordnungs-, Struktur-, Prozeß-, Verteilungs- und Sicherungspolitik (Sicherung der Ressourcen, der Energieträger, des Beschäftigtenpotentials), zahlreiche und verschiedenartige Ziele, die sich häufig positiv oder negativ tangieren — angestrebt, so daß hier von einem Polygon oder Vieleck der Wirtschaftspolitik gesprochen werden kann.

b) Zielbeziehungen in der praktischen Wirtschaftspolitik

aa) Zielbeziehungen in der Wirtschaftsprozeßpolitik

Die Zielbeziehungen innerhalb der Wirtschaftsprozeßpolitik haben in Politik und Wissenschaft die höchste Aufmerksamkeit erlangt. Dies mag nicht zuletzt

darauf zurückzuführen sein, daß in diesem wirtschaftspolitischen Teilbereich die Ziele quantifizierbar sind, so daß das Ausmaß der gegenseitigen Beeinträchtigung und positiven Beeinflussung relativ gut erkannt werden kann. Zwischen den Prozeßzielen gibt es eine Reihe von charakteristischen Zielkonflikten:
(1) Der Zielkonflikt zwischen *Geldwertstabilität und hohem Beschäftigungsstand* kann als die wichtigste konträre Beziehung zwischen wirtschaftspolitischen Zielen angesehen werden. Grundsätzlich geht es dabei um den Zusammenhang zwischen Geldwertstabilität und Arbeitslosigkeit in einer Volkswirtschaft. Dieser volkswirtschaftspolitische Zielkonflikt drückt sich in folgendem aus: Je höher (geringer) die Geldentwertungsrate, desto niedriger (höher) ist die Arbeitslosigkeit. Dieser Zielkonflikt konnte ohne Zweifel in der Realität der Bundesrepublik Deutschland beobachtet werden, da in den Jahren 1970—1973 bei Vollbeschäftigung eine relativ hohe Geldentwertungsrate gegeben war, während sich dann von 1974 bis 1978 bzw. von 1984 bis 1988 bei sehr niedriger Inflationsrate bzw. einer Erhöhung des Geldwertes, eine gleichzeitige Beeinträchtigung des Beschäftigungszieles ergab.
(2) Die Beziehung der Geldwertstabilität und des Beschäftigungsniveaus wird häufig in der *Phillips-Kurve* ausgedrückt. Sie ist nach dem britischen Volkswirt A.W. Phillips (1958) benannt, der zunächst die Beziehung zwischen der Arbeitslosenquote und den Geldlohnsteigerungen in England für eine Periode von ungefähr 100 Jahren untersuchte. Die gegensätzliche Beziehung zwischen Geldwertstabilität und Beschäftigungsniveau wird als *modifizierte Phillips-Kurve* bezeichnet, die ohne Zweifel in der ökonomischen Wirklichkeit eine gewisse Bedeutung hat. Allerdings ergaben sich auch Zeiträume, in denen bei hohen Preissteigerungsraten zugleich hohe Arbeitslosenquoten vorhanden waren. Ohne Zweifel ergibt sich eine Beziehung zwischen Geldentwertungsrate und gesamtwirtschaftlichem Beschäftigungsniveau, jedoch sind auch andere Einflußgrößen — Strukturwandel, außenwirtschaftliche Einflüsse, Wettbewerbsveränderungen u.a. — auf die Beschäftigungssituation eines Landes festzustellen, so daß die in Schaubild 8 dargestellte Beziehung keineswegs als stabil angesehen werden kann. Auf jeden Fall wäre es falsch, wirtschaftspolitisch davon auszugehen, daß ein hoher gesamtwirtschaftlicher Beschäftigungsstand nur bei starker Geldentwertungsrate bzw. eine niedrige Inflationsrate nur bei Arbeitslosigkeit erreicht werden könnte.
(3) Ein Zielkonflikt zwischen *Geldwertstabilität und Außenwirtschaftlichem Gleichgewicht* kann sich daraus ergeben, daß ein inflationsstimulierender Außenbeitrag zustande kommt. Dieser resultiert daraus, daß das Auslandspreisniveau höher ist als das Inlandspreisniveau. Dies bedeutet, daß die von den Inländern zu zahlenden Auslandspreise für Importgüter erhöht wurden und die inländischen Unternehmen geneigt sind, den im Ausland erkennbaren Preiserhöhungsspielraum bei ihren Exportgütern auf ihre inländische Preispolitik zu übertragen.
(4) Ein *Zielkonflikt zwischen Wirtschaftswachstum und Geldwertstabilität* ist

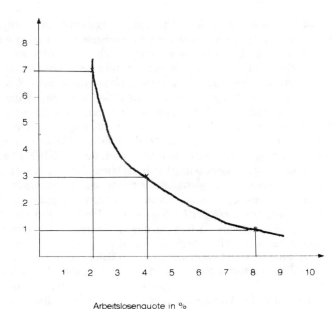

Schaubild 8: Beziehung zwischen Inflationsrate und Arbeitslosenquote in der Philipps-Kurve

dann möglich, wenn es zu unterschiedlichen Entwicklungen zwischen der realen Wachstumsrate des Sozialprodukts und der Zuwachsrate der monetären Gesamtnachfrage kommt, diese also schneller zunimmt als die tatsächliche Produktionssteigerung. Aus einer solchen längerfristigen Entwicklung ergibt sich dann die ,,schleichende Inflation". Eine stabilitätsausgerichtete Entwicklung wäre dann gegeben, wenn das reale Sozialprodukt die gleiche Entwicklungsrate wie die geldliche Nachfrage aufweist. So läßt sich ein stabiler Geldwert durch den Abbau bzw. die Beseitigung einer gesamtwirtschaftlichen und inflationär wirkenden Übernachfrage herbeiführen. Da jedoch über das Ausmaß der stabilitätswirksamen Nachfragereduzierung häufig keine genauen Erkenntnisse vorliegen, ist stets die mittels der Volkswirtschaftspolitik verursachte Gefahr einer zu großen Nachfrageeindämmung mit negativen Wirkungen auf das wirtschaftliche Wachstum vorhanden.

(5) Der *Zielkonflikt zwischen hohem Beschäftigungsniveau und Wirtschaftswachstum* resultiert daraus, daß dieses grundsätzlich mit einer Strukturänderung der Volkswirtschaft verbunden ist und bestimmte Arbeitsqualifikationen aufgrund des strukturellen Wandels der Volkswirtschaft nicht mehr wie in der Vergangenheit benötigt werden. Das wirtschaftliche Wachstum ist häufig nur

möglich, weil Veränderungen im Aufbau der Volkswirtschaft erfolgen, woraus dann aber — weil die Beschäftigten nicht die neubenötigten Qualifikationen aufweisen — Arbeitslosigkeit entstehen kann.
(6) Auch die Zielbeziehung zwischen *Außenwirtschaftlichem Gleichgewicht und dem Wirtschaftswachstum* kann beeinträchtigt werden, wenn ein außenwirtschaftliches Ungleichgewicht vorhanden ist. Dies kann bei einem außenwirtschaftlichen Überschuß daraus entstehen, daß eine importierte Inflation mit steigenden Kosten für die Unternehmen, einer Senkung deren Gewinne und einem Rückgang der Investitionen erfolgt, so daß eine Wachstumsstagnation oder -reduzierung die Folge ist. Eine Importinflation führt aber auch zu einer Steigerung der Preise für Konsumgüter, einer Reduzierung der realen Nachfrage und einer Senkung der Absatzmöglichkeit der Unternehmen im Ausland, was wiederum zu einer Beeinträchtigung der Steigerung des realen Sozialprodukts und des Wirtschaftswachstums führt. — Bei einem defizitären Außenbeitrag geht die Inlandsnachfrage zurück und es werden in verstärktem Umfange Güter im Ausland nachgefragt. Dies ist möglich, so lange noch ausreichende Devisenreserven vorhanden sind. Wenn diese aufgebraucht sind, tritt für die Volkswirtschaft die internationale Zahlungsunfähigkeit ein; da die Nachfrage sich auf ausländische Güter konzentrierte, ergab sich auch eine Reduzierung des Absatzes der inländischen Unternehmen, so daß das Wirtschaftswachstum beeinträchtigt wurde.
Wichtig ist, daß sich grundsätzlich eine Zielkonformität zwischen Wirtschaftswachstum und Vollbeschäftigung bzw. Außenwirtschaftlichem Gleichgewicht und Geldwertstabilität einstellt. Im *gesamtwirtschaftlichen Gleichgewicht* — einer Forderung des Stabilitäts- und Wachstumsgesetzes — wird dann entsprochen, wenn zwischen den vier Zielen in Schaubild 9 eine derartige Zielharmonie besteht.

bb) Zielbeziehung bei sonstigen wirtschaftspolitischen Zielen

(1) Ein Zusammenhang zwischen den *Zielen der Prozeß- und Verteilungspolitik* ist in der Weise vorhanden, daß neben den wirtschaftsprozeßpolitischen Zielen auch in der praktischen Wirtschaftspolitik die ,,gerechte Einkommens- und Vermögensverteilung'' in das Zielbündel aufgenommen wurde. Dabei sind Zielkonstellationen in der Weise denkbar, daß sich bei Verwirklichung der Ziele der Prozeßpolitik im Verhältnis zur ,,gerechten Verteilung'' sowohl Zielkonflikte (z.B. durch zusätzliche private Investitionen wird ein hohes Beschäftigungsniveau und Wirtschaftswachstum erreicht, jedoch die Herbeiführung einer breiten Einkommens- und Vermögensstreuung verhindert) als auch Zielharmonien (z.B. Wirtschaftswachstum hat höhere Steuereinnahmen zur Folge, durch die eine Einkommensumverteilung zugunsten einkommensschwächerer Bevölkerungsschichten durch die staatliche Verteilungspolitik möglich wird; Geldwertstabilität sichert das Realeinkommen der Masse der Bevölkerung) er-

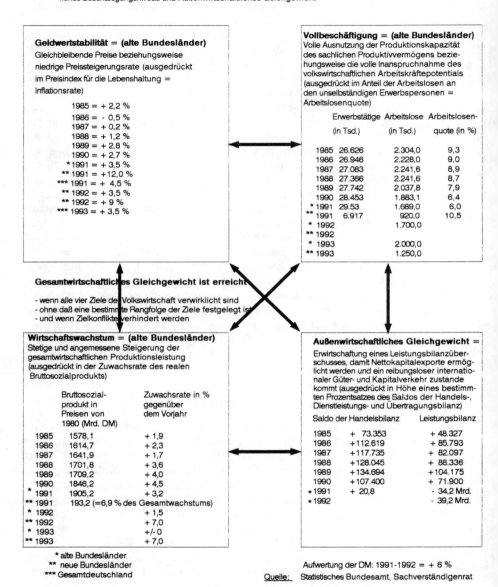

Schaubild 9: Gesamtwirtschaftliches Gleichgewicht

geben. Aber auch die Realisierung des Verteilungszieles kann sich sowohl positiv als auch negativ auf die Prozeßziele auswirken (z.B. zu starker staatlicher Eingriff in die primäre Einkommensverteilung kann den Leistungswillen der Unternehmer beeinträchtigen, was zu einem Produktionsrückgang führt; durch eine allgemeine Einkommenssteigerung kommt es zur Erhöhung der gesamtwirtschaftlichen Nachfrage, wodurch zusätzliche Investitionen — und damit Wirtschaftswachstum — zustande kommt).

(2) Ein *Zielkonflikt zwischen Wirtschaftswachstum und Verteilung* ergibt sich daraus, daß Wachstum grundsätzlich das verfügbare Einkommen steigert und sich somit günstig auf die Verteilung der Einkommen in der Volkswirtschaft auswirkt. Die dadurch jedoch vor allem in den Unternehmen verstärkte Kapitalbildung bewirkt eine relative Verschlechterung in der Verteilung von Einkommen und Vermögen zum Nachteil der Arbeitnehmer.

(3) Ein Zielkonflikt ist zwischen dem *Wirtschaftswachstum und der Absicht der Strukturerhaltung* in der Weise vorhanden, daß durch die Konservierung bestimmter gesamtwirtschaftlicher Produktionsbedingungen — in der Landwirtschaft, der Energiewirtschaft, der Stahlproduktion oder der Textilwirtschaft u.a. — volkswirtschaftliche Fortschritte in der Produktivität gehemmt werden und somit das Wirtschaftswachstum beeinträchtigt wird. Dies resultiert vor allem daraus, daß Produktionsfaktoren nicht in der Lage sind, in jene Wirtschaftsbereiche zu wandern, wo sie eine höhere Produktivität bzw. ein höheres Einkommen aufgrund ihres Faktoreneinsatzes erzielen würden.

(4) Ein Zielkonflikt zwischen dem *Wirtschaftswachstum und den Zielen der Umweltpolitik* ist dadurch denkbar, daß bestimmte Produktionen verboten und eingeschränkt werden und sich somit nicht nur die Beschäftigungssituation verschlechtert, sondern auch eine Senkung der Umsätze der Unternehmen — und damit eine Beeinträchtigung des wirtschaftlichen Wachstums — zustande kommt. Durch die umweltpolitischen Ziele können sich jedoch nicht nur Schrumpfungen und Aufgabe der Erzeugung, sondern auch Verlagerungen der Standorte der Unternehmen ins Ausland und eine verringernde internationale Konkurrenzfähigkeit — durch gestiegene Produktionskosten — ergeben. Allerdings ist auch zu berücksichtigen, daß durch die Maßnahmen der Umweltpolitik eine Vielzahl von Investitionen festgestellt und notwendig werden, aus denen positive Beschäftigungs- und Wachstumsimpulse resultieren. Insgesamt muß allerdings gesehen werden, daß bei der wachstumsbegrenzenden Reduzierung der Belastung der Umwelt der gesellschaftliche Wohlstand gesteigert wird.

c) **Rangfolge volkswirtschaftspolitischer Zielverwirklichung**

Eine rationale Volkswirtschaftspolitik sollte danach streben, die Ziele in einem System (in dem Fern- und Nah- sowie Haupt- und Nebenwirkungen berücksichtigt sind) in der Weise festzulegen, daß Zielkonflikte möglichst verhindert werden oder ein optimaler, der Gesamtwirtschaft nützender Kompromiß bei der Er-

reichung konträrer Ziele herbeigeführt wird. Die Konkretisierung volkswirtschaftspolitischer Ziele im Rahmen einer allgemeinen Wohlfahrtsfunktion ist jedoch zu theoretisch und für die praktische Wirtschaftspolitik wenig brauchbar.
(1) Es ist in der wirtschaftspolitischen Wirklichkeit aber feststellbar, daß bestimmte *politische oder wirtschaftliche Gruppen* gegenüber einem oder mehreren Zielen eindeutige Präferenzen haben. Dabei wird davon ausgegangen, daß die Verwirklichung des Zieles oder Zielbündels — und die weniger starke Realisierung anderer Ziele — für die gesamte Volkswirtschaft oder die betreffende soziale Gruppe besonders vorteilhaft wäre. So wird deutlich, daß die sozialistischen bzw. sozialdemokratischen Parteien und die Gewerkschaften der ,,Vollbeschäftigung'' und der ,,gerechten Einkommensverteilung'' eine besondere Beachtung in ihrer wirtschaftspolitischen Programmatik einräumen. Für liberale und mehr konservativ ausgerichtete politische Gruppierungen sowie für die Unternehmer erfährt dagegen die Geldwertstabilität und das Wirtschaftswachstum eine starke Betonung.
(2) Weiterhin spielt bei der Rangordnung wirtschaftspolitischer Ziele die *historische Erfahrung der Bevölkerung* eines Staates mit bestimmten ökonomischen Problemen eine besondere Rolle. Für die Menschen in der Bundesrepublik Deutschland ist nicht zuletzt die ,,Geldwertstabilität'' von so hohem Range, weil die großen Inflationen von 1923 und 1948 immer noch im Bewußtsein einer breiten Bevölkerungsschicht vorhanden sind; das gleiche gilt für die angelsächsischen Länder in bezug auf die Arbeitslosigkeit, die nach dem 1. Weltkrieg dort besonders stark war.
(3) Letztlich ist es bei der Zielverfolgung von entscheidender Bedeutung, welche *aktuellen Probleme in einer Volkswirtschaft* vorhanden sind. Dies kann einmal die Geldwertverschlechterung und ein inflationärer Außenbeitrag, zum anderen eine hohe Arbeitslosigkeit und ein schrumpfendes Sozialprodukt oder eine immer größer werdende Differenzierung in der Einkommens- und Vermögensverteilung sein. Die Volkswirtschaftspolitik hat dann jenem höheren Ziel die höchste Aufmerksamkeit zuzuwenden und es besonders zu akzentuieren, das jeweils am meisten gefährdet ist. Bei dem wirtschaftspolitischen Streben zur Beseitigung eines Problems dürfen allerdings — infolge der Nichtbeachtung der Beziehungen zu den übrigen Zielen der Volkswirtschaftspolitik — nicht neue Schwierigkeiten (Beseitigung der hohen Inflationsrate führt zu Arbeitslosigkeit, Herbeiführung einer gleichmäßigeren Einkommensverteilung bewirkt Wachstumsverluste usw.) geschaffen werden.

Fragen:

4. Weshalb ergeben sich Wertvorstellungen bei der Festlegung volkswirtschaftspolitischer Ziele und wie beurteilen Sie diese?
5. Weshalb ist es in einer dynamischen Volkswirtschaft problematisch „Strukturerhaltungsziele" anzustreben?
6. Welche Grundsätze sind bei der Politik der Einkommensverteilung in der Bundesrepublik Deutschland von Bedeutung?
7. Weshalb ist es in einer modernen Volkswirtschaft bedeutsam, das wirtschaftliche Wachstum als wichtiges Ziel der Volkswirtschaftspolitik anzustreben?
8. Warum muß eine erfolgreiche Beschäftigungspolitik unbedingt die Ursachen der Arbeitslosigkeit analysieren, wenn sie bei der Verwirklichung des Zieles eines „Hohen Beschäftigungsniveaus" erfolgreich sein will?
9. Aus welchem Grunde ist das Außenwirtschaftliche Gleichgewicht ein zentrales volkswirtschaftspolitisches Ziel?
10. Wie beurteilen Sie die Hauptprinzipien der Umweltpolitik im Hinblick auf ihre Effektivität?
11. Weshalb ist das Phillips-Theorem mit Vorsicht einzustufen?
12. Ist die These richtig, daß zwischen Wirtschaftswachstum und den umweltpolitischen Zielen ein unvermeidbarer Zielkonflikt bestehen würde?

3 Instrumente und Maßnahmen der Volkswirtschaftspolitik

Lernziele:

Nach dem Lesen dieses Abschnittes sollten Sie
a. einen Überblick über die wichtigsten Eingriffsmöglichkeiten des Staates in die Volkswirtschaft haben,
b. in der Lage sein, die Wirksamkeit volkswirtschaftspolitischer Instrumente beurteilen zu können,
c. die Ziel- und Ordnungskonformität volkswirtschaftspolitischer Instrumente und Maßnahmen erläutern können.

3.1. Wesen und Einteilung volkswirtschaftspolitischer Instrumente

a) Begriff und Abgrenzung volkswirtschaftspolitischer Instrumente

(1) Unter den *volkswirtschaftspolitischen Instrumenten* sind ökonomische oder gesellschaftlich bedeutsame Sachverhalte (Steuersätze, Wettbewerb, Höchstpreise, Vorschriften über Abfallbeseitigung u.a.) zu verstehen, die von den Trägern der Volkswirtschaftspolitik gefordert oder eingesetzt werden, um vorgegebene Ziele zu erreichen. Sie werden benutzt, wenn die Situationsanalyse ergibt, daß sich Abweichungen von den erwünschten Zielen eingestellt haben oder sich zukünftig einstellen werden. Durch die Verwendung der Instrumente ist die Zielabweichung zu verhindern oder zu verringern. Bedeutsam ist, daß Instrumente nur dann eingesetzt werden sollen, wenn bestimmte Toleranzbereiche in den Zielvorstellungen über- oder unterschritten werden. Würden bei jeglicher Nichterreichung eines Zieles sogleich korrigierende Instrumente eingesetzt, so käme dadurch eine zu große Unsicherheit in das gesamte Wirtschaftsgeschehen, und sowohl Unternehmen als auch Haushalte würden in ihren ökonomischen Dispositionen nachhaltig beeinträchtigt werden.

(2) Die *Maßnahmen der Volkswirtschaftspolitik* stellen die Anwendung eines oder mehrerer Instrumente durch die Entscheidungsträger dar. Es handelt sich somit um den konkreten Einsatz von Instrumenten, zu einem genau fixierbaren

Zeitpunkt oder Zeitraum, in einem bestimmten Umfange und in einer speziellen Anwendungsform (Gesetze, Rechtsverordnungen, Verwaltungsvorschriften, Einsatz finanzieller Mittel u.a.) durch die Entscheidungsträger der Volkswirtschaftspolitik. Die Wirtschaftsverbände und Parteien, also die Einflußträger der Volkswirtschaftspolitik, können zwar Instrumente fordern, sie jedoch niemals selbst einsetzen.

Beispiel:

> In diesem Sinne ist etwa die Aufwertung der Inlandswährung ein Instrument der Volkswirtschaftspolitik, während die tatsächliche Vornahme der DM-Aufwertung am 27.10.1969 in Höhe von 8 % durch die Entscheidung der Deutschen Bundesregierung als eine wirtschaftspolitische Maßnahme angesehen werden kann. Oder: Die Veränderung des Diskont- und Lombardsatzes durch die Deutsche Bundesbank ist als volkswirtschaftspolitisches Instrument anzusehen, während die Erhöhung des Diskont- bzw. Lombardsatzes am 07.02.1991 von 6 auf 6,5 % bzw. von 8,0 auf 9,0 % als eine Maßnahme der Volkswirtschaftspolitik zu charakterisieren ist.

(3) *Eine Unterscheidung von den volkswirtschaftspolitischen Zielen* ist in der Weise zu treffen, daß die Instrumente durch ihre Verwendung eine Beeinflussung der gesamtwirtschaftlichen Strömungs- und Bestandsgrößen herbeiführen kann, während die Ziele den zu verändernden oder zu erhaltenden Endzustand selbst darstellen. Es gibt aber auch Zielsetzungen, die im Verhältnis zu ihren Nachzielen instrumentellen Charakter haben, da diese erst mittels des Vor- und ggfs. eines weiteren Zwischenzieles realisiert werden können. So hat für die Verwirklichung eines ,,Hohen Beschäftigungsniveaus'' die ,,Steigerung der privaten Investitionsnachfrage'' ohne Zweifel einen instrumentellen Charakter. Es handelt sich allerdings nicht um ein Instrument, da der angestrebte Zustand (Erhöhung der Privatinvestitionen) niemals zur Maßnahme selbst werden kann. Dies wäre jedoch möglich durch Gewährung einer ,,Investitionsprämie'' oder durch den Übergang von der ,,proportionalen zur degressiven Abschreibungsmethode'' auf Investitionen — also durch den Einsatz eines Instrumentes.

b) Klassifizierung volkswirtschaftspolitischer Instrumente

Es gibt in der wissenschaftlichen Volkswirtschaftspolitik Versuche, das Instrumentarium nach unterschiedlichsten Merkmalen zu systematisieren. Grundsätzlich können die folgenden Klassifizierungen durchgeführt werden:
— Nach der Weite des *volkswirtschaftspolitischen Eingriffsfeldes* kann eine
   Differenzierung in sektorale und globale, punktuelle und generelle, binnen-

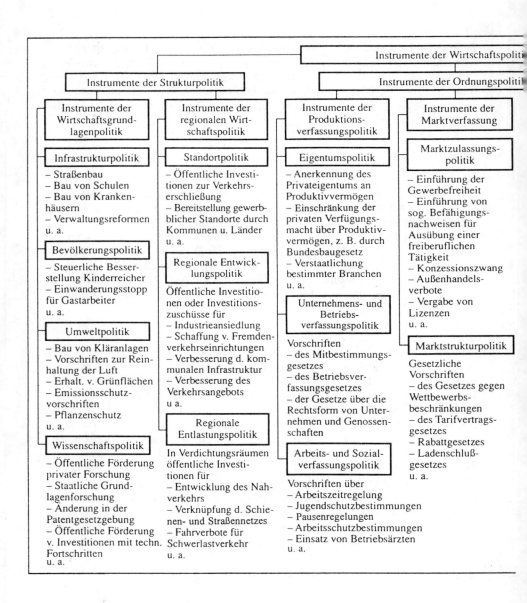

Schaubild 10: Überblick über die Instrumente der Volkswirtschaftspolitik

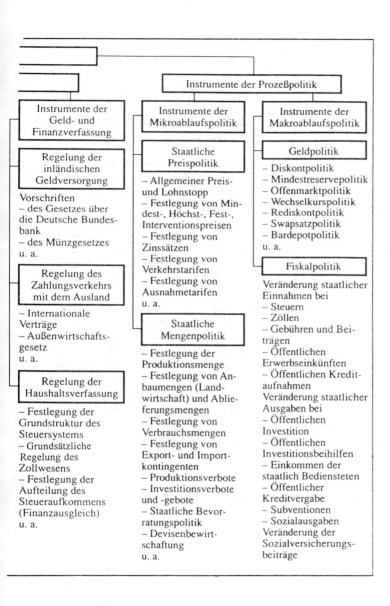

Quelle: E. Mändle, Volkswirtschaftliche Grundlagen, 2. Auflage, Gabler Verlag Wiesbaden 1991

wirtschaftliche und außenwirtschaftliche Instrumente durchgeführt werden;
- nach der *Stellung des Staates bei Interventionen* lassen sich fiskal-, geld- und wirtschaftsverfassungspolitische Instrumente feststellen;
- nach der *Eingriffsintensität* und dem daraus resultierenden Zwang für die betreffenden Unternehmen und Haushalte können Unterscheidungen in direkte bzw. zwingende und indirekte bzw. führende Instrumente vorgenommen werden;
- nach dem *Präzisionsgrad* des Eingriffs können quantitative Instrumente, z.B. Änderung von Zoll- und Diskontsätzen und qualitative Instrumente, z.B. der Erlaß von Verwaltungsvorschriften für Importe und die Gestaltung der Ladenschlußzeiten herausgestellt werden;
- nach der volkswirtschaftspolitischen *Zielrichtung* kann eine Differenzierung in Anpassungs-, Erhaltungs- und Gestaltungsinterventionen oder Instrumente der Beschäftigungs-, Wachstums- und Stabilitätspolitik erfolgen;
- nach der *staatlichen Trägerschaft* kann zwischen internationalen, nationalen und regionalen Instrumenten der Volkswirtschaftspolitik unterschieden werden und
- nach dem Eingriff in das *Funktionsgefüge der Volkswirtschaft* sind Instrumente der Produktions-, Markt-, Einkommens-, Geld-, Regional-, Sozialpolitik u.a. einsetzbar.

In Anlehnung an die grundlegenden Überlegungen von W. Eucken (Die Grundlagen der Nationalökonomie, 6. Auflage, 1950), ist heute allgemein bei der Einteilung der Instrumente der Wirtschaftspolitik eine Differenzierung in *ordnungspolitische und ablaufpolitische Instrumente* üblich geworden. Da in den letzten Jahren die Strukturpolitik immer bedeutsamer geworden ist, hat auch sie spezifische Instrumente entwickelt, so daß in Schaubild 10 zwischen Instrumenten der Wirtschaftsstruktur-, Wirtschaftsordnungs- und Wirtschaftsprozeßpolitik differenziert werden kann.

3.2. Hauptinstrumente der Volkswirtschaftspolitik

a) Instrumente der Geldpolitik

Die Geldpolitik umfaßt sämtliche Maßnahmen, die direkt auf den Geldsektor einer Volkswirtschaft wirken, damit bestimmte volkswirtschaftspolitische Ziele — Geldwertstabilität, Hohes Beschäftigungsniveau u.a. — erreicht werden können. Die Geldpolitik wird häufig mit dem Ausdruck Währungspolitik gleichgesetzt, wobei die letztgenannte Bezeichnung prinzipiell auch die Gestaltung der internationalen Währungsbeziehungen beinhaltet. Mit der Geldpolitik werden im Sinne von *Zwischenzielen* die folgenden geldwirtschaftlichen Größen zu beeinflussen versucht:

— Die *Geldmengen* M^1, M^2, M^3;
— die *Liquidität,* wobei insbesondere die Liquidität der Banken eine Rolle spielt; deren *Primärliquidität* ergibt sich aus dem Bestand an Zentralbankgeld, das von der Zentralbank limitiert wird; die *Sekundärliquidität* bezieht sich dagegen auf alle Aktiva, die jederzeit und ohne Beeinträchtigung in Zentralbankgeld verwandelt werden können sowie die Möglichkeiten einer Refinanzierung bei der Notenbank;
— die *Zinssätze,* die sich auf den verschiedenen Geld- und Kreditmärkten bilden und die für die Wirtschaftssubjekte Anlaß für ökonomische Dispositionen darstellen;
— die *Kreditgewährung* der Geschäftsbanken an die Nichtbanken in der Volkswirtschaft.

Mit der Geldpolitik wird also der Versuch unternommen, die Geldnachfrage und vor allem das Geldangebot zu beeinflussen. Der *Träger der Geldpolitik* ist primär die *Deutsche Bundesbank* (vgl. S. 94ff.), die zur Erfüllung ihrer Aufgaben eine Reihe von Instrumenten zur Verfügung hat.

aa) Instrumente der Zinspolitik

(1) Bei der *Diskontsatzpolitik,* auch pretiale Diskontpolitik genannt, beeinflußt die Deutsche Bundesbank die Höhe des Diskontsatzes, zu dem die Geschäftsbanken durch die Hergabe von Wechseln Kredite bei ihr in Zentralbankgeld umwandeln. Bei einem hohen Diskontsatz werden weniger derartige Refinanzierungskredite nachgefragt, bei einem niedrigen oder sinkenden Diskontsatz ist es für die Geschäftsbanken interessant, verstärkt Zentralbankgeld aufzunehmen.

— Der *Diskontsatz* (Leitzins, Bankrate) ist der Zinsfuß, der bei der Berechnung des Diskonts bei einem Wechselankauf zugrunde gelegt wird. Im engeren Sinne ist er der von der Zentralbank festgelegte Zinssatz, mit dem sie im Rahmen der Diskontpolitik inländische Wechsel ankauft, die bestimmten Anforderungen entsprechen müssen (in der Regel höchstens 90 Tage Laufzeit, drei als zahlungsfähig bekannte Verpflichtete haften und einwandfreie Handelswechsel). Die Höhe des Diskontsatzes in der Bundesrepublik Deutschland schwankte bisher zwischen 2,75 % (1959) und 7,5 % (1970); er beläuft sich zu Beginn des Jahres 1991 auf 6,5 %. Da der Diskontsatz, den die Geschäftsbanken ihren Kunden, von denen sie die Wechsel diskontieren, höher ist als jener, zu dem die Zentralnotenbank die Wechsel aufkauft (in der Regel 0,5 bis 1,5 %), ist für die Kreditinstitute ein Anreiz gegeben, die Wechsel rediskontieren zu lassen. Bei Erhöhung des Refinanzierungssatzes für die Wechsel geht dieser Anreiz jedoch zurück, er erhöht sich bei Senkung des Diskontsatzes.
— Die *Wirkungen einer Diskontsatzerhöhung* der Zentralnotenbank sind zunächst eine Verteuerung der Refinanzierung, also der Beschaffung von Zen-

tralbankgeld, bei den Geschäftsbanken im Rahmen der Rediskontierung von Wechseln. Das Ausmaß der Inanspruchnahme von Diskontkrediten durch die Geschäftsbanken hat auch Ausstrahlungen auf den Geldmarkt. Bei einer Erhöhung des Diskontsatzes steigt die Nachfrage nach Zentralbankgeld bei zunächst gegebenen Zinssätzen am Geldmarkt und hat somit einen Einfluß auf die dortige Zinshöhe. Der Diskontsatz beeinflußt somit als Leitzins das gesamte Zinsniveau in einer Volkswirtschaft. Dies kann zu einer Erhöhung der Zinsen für Kredite der Unternehmen und Haushalte bei den Geschäftsbanken (Sollzinsen) führen; daraus kann sich ein Rückgang der Kreditnachfrage, insbesondere bei den Unternehmen und ein dämpfender Einfluß auf die über Kredite finanzierten Investitionen und Konsumausgaben einstellen. Die letztendliche Auswirkung kann eine Dämpfung der Konjunktur und eine Abschwächung der Preissteigerungsrate sein. Die über die Diskontsatzerhöhungen bewirkten allgemeinen Zinssteigerungen gelten natürlich auch für die Einlagen der Haushalte und Unternehmen bei den Geschäftsbanken (Habenzinsen) und für festverzinsliche Wertpapiere, so daß hierdurch die Möglichkeit geschaffen wird, der Volkswirtschaft insgesamt mehr an Kapital zur Verfügung zu stellen. Bei einer *Diskontsatzsenkung* ergeben sich jeweils die umgekehrten gesamtwirtschaftlichen Wirkungen.
— Die *Problematik der Diskontpolitik* liegt auf mehreren Ebenen. Eine Diskontsatzerhöhung kommt nur dann zur Geltung, wenn die Banken bei der Verknappung ihrer Liquidität auf Kredite bei der Deutschen Bundesbank zurückgreifen müssen. Wenn eine Geschäftsbank über genügend Liquidität verfügt, hat eine Variierung des Diskontsatzes nur geringen Einfluß auf ihr Kreditgeschäft. Die pretiale Diskontpolitik ist außerdem nur dann wirksam, wenn kein Ausweichen der Geschäftsbanken auf andere, insbesondere ausländische Refinanzierungsquellen, gegeben ist; sonst kann sie vor allem bei einem hohen Diskontsatz, genau den gegenteiligen Effekt bewirken, nämlich daß Auslandsgeld in verstärktem Umfange in die inländische Volkswirtschaft drängt. Es besteht heute in einer Volkswirtschaft mit starker Unternehmenskonzentration auch eine Reduzierung der Zinsempfindlichkeit. So planen Großunternehmen und multinationale Konzerne ihre Investitionen auf sehr lange Frist und setzen sich damit von den Einflüssen der veränderten Diskontsätze durch die Zentralnotenbank weitgehend ab. Diskontsatzveränderungen verbessern oder verschlechtern lediglich die finanziellen Rahmenbedingungen der Investitionen, sie bleiben jedoch vielfach ohne direkte Wirkung auf die Investitionstätigkeit. Es ist auch häufig feststellbar, daß günstige oder ungünstige Kreditzinsen keine Impulse für die Investitionstätigkeit der Unternehmen oder die Nachfrage der Haushalte bewirken, da hierfür andere Einflüsse — etwa die Absatzchancen im Ausland, die Abdeckung eines Nachholbedarfes im Konsum, der Optimismus der Unternehmer im Hinblick auf die verbesserten gesellschaftspolitischen Bedingungen u.a. — maßgeblich sind. Deswegen wird die Diskontsatzpolitik zumeist

durch den Einsatz anderer geldpolitischer Instrumente, insbesondere der Offen-Markt-Politik bzw. der Lombardsatzpolitik, durchgeführt.
(2) Die *Lombardpolitik* funktioniert grundsätzlich in gleicher Weise wie die Diskontpolitik, nur daß es sich hier nicht um eine Rediskontierung von Handelswechseln, sondern um die Beleihung von Wertpapieren oder gleichgestellter Forderungen handelt. Die Geschäftsbanken erhalten zu dem von der Zentralnotenbank festgesetzten Lombardsatz Kredite in Zentralbankgeld, aufgrund der Hergabe von Pfändern — dies sind Edelmetalle, Waren, festverzinsliche und börsengängige Wertpapiere. Grundsätzlich handelt es sich bei dieser Kreditgewährung durch die Deutsche Bundesbank um eine kurzfristige Überbrückung eines Liquiditätsengpasses (Kreditgewährung von höchstens 3 Monaten) der Geschäftsbanken; der Lombardkredit soll auch kurzfristig wieder zurückgezahlt werden. Aus diesem Grunde lag der Lombardsatz auch immer mit rd. 1 % über dem Diskontsatz.
(3) Bei der *Bardepotpolitik* wird das Ziel verfolgt, eine Aufnahme von ausländischen Krediten zu verteuern und damit die Kreditnachfrage durch Inländer im Ausland und das Einfließen von Auslandsgeld in die Volkswirtschaft einzudämmen oder zu verhindern. Dies wird durch das Bardepot, einer Einlage, die inländische Nichtbanken zinslos auf einem Sonderkonto bei der Deutschen Bundesbank halten müssen, zu erreichen versucht. Die Bardepotpolitik hat sicherlich auch liquiditätspolitische Effekte, sie ist jedoch primär auf die Zinspolitik ausgerichtet, weil sie im internationalen Rahmen das Ausnutzen von Zinsunterschieden verhindern möchte. Ist etwa das Zinsniveau in ausländischen Volkswirtschaften deutlich unter dem der inländischen Volkswirtschaft, so besteht das Problem, daß Inländer im Ausland Kredite nachfragen und somit die binnenwirtschaftlich ausgerichtete Zinspolitik der Zentralnotenbank umgehen können. Die Bundesbank und die Bundesregierung können deswegen den Unternehmen oder Haushalten, die im Ausland Kredite aufnehmen, die Auflage machen, bis zu 100 % der aufgenommenen ausländischen Kredite zinslos stillzulegen. Der *Bardepotsatz* kann also bis zu 100 % der im Ausland aufgenommenen Kreditsumme bei einer Freigrenze von DM 50.000 festgesetzt werden. Grundsätzlich soll der Vorteil von niedrigen Auslandszinsen reduziert oder aufgehoben und aus Gründen des Außenwirtschaftlichen Gleichgewichts der Geldimport gestoppt werden. Das Bardepotgesetz wurde zwischen 1972 und 1974 angewandt; Ende 1974 wurde die Bardepotpflicht aufgehoben und dieses zinspolitisch orientierte Instrument hat seitdem keinen Einsatz mehr gefunden. Es könnte jedoch bei überstarkem Geldzufluß aus dem Ausland mit der Gefahr einer Importinflation jederzeit wieder angewandt werden.
(4) Die *Devisenpolitik* der Deutschen Bundesbank ist darauf ausgerichtet, daß diese den Geschäftsbanken über die eigentliche Marktlage hinaus einen Rentabilitätsanreiz dafür bietet, daß sie durch die Geld- und Kapitalzufuhr Devisenmengen in das Ausland abgeben bzw. in die inländische Volkswirtschaft hereinholen. Dies geschieht durch eine spezielle Art der Kurssicherung bei Devisen-

termingeschäften an den Devisenmärkten, die sogenannte *Swappolitik*. Diese hat speziell das Ziel, auf indirekte Weise die Geldmenge bzw. den Zins in einer Volkswirtschaft zu beeinflussen. Es werden die Bedingungen auf dem Devisenmarkt mit dem Ziel verändert, um entweder einen unerwünschten Zufluß von Devisen oder einen entsprechenden Devisenabfluß zu reduzieren, welcher die Geldmenge im Inland und den Wechselkurs der DM beeinflussen würde. Die Deutsche Bundesbank hat die Möglichkeit, auf dem Devisenmarkt mit den Geschäftsbanken Swapgeschäfte abzuschließen, in dem sie durch einen von ihr festgesetzten Swapsatz (englisch: to swap = drehen, tauschen), welcher von dem marktüblichen abweicht, den Geschäftsbanken einen Impuls geben kann,

Beispiel:

Wenn ein deutsches Unternehmen auf dem Kassamarkt US-Dollar zum Wechselkurs von 1 US-Dollar — DM 1.60 erwirbt, um diese in den USA in Investitionen gewinnbringend anzulegen, erleidet es DM-Verluste, wenn eine Abwertung der DM stattfinden würde und es die US-Dollar später in DM zurücktauschen möchte. Schwanken also die Wechselkurse kräftig, so kann es für das Unternehmen von Vorteil sein, den Kassakauf der US-Dollars bereits zum Zeitpunkt des Kaufs mit einem Verkauf per Termin zu koppeln. Dabei ist es durchaus möglich, daß der Kassa- und der Terminkurs nicht identisch sind. Ist der Terminkurs niedriger als der Kassakurs, so rechnet man grundsätzlich mit einem fallenden Wert der ausländischen Währung. Der inländische Investor auf dem US-Markt ist deswegen genötigt, die Kosten der Kurssicherung — ein sogenanntes Deport zu bezahlen; die positive Differenz würde *Report* heißen. Hier bekommt der Investor für den Abschluß des Termingeschäftes ein Entgelt, weil man eine Steigerung des Wechselkurses erwartet. Der Swapsatz ist nunmehr der prozentuale Unterschied von Termin- und Kassakurs, wobei der Satz negativ (Deport) oder positiv (Report) sein kann. Die Deutsche Bundesbank hat nun die Möglichkeit, eigenständig Swapsätze in ihren Devisengeschäften mit den Geschäftsbanken zu bestimmen, welche von jenen Sätzen abweichen, die sich am Markt ergeben würden, so daß sie Impulse geben kann, daß die Geschäftsbanken ein von ihr erwünschtes Verhalten realisieren. Bei einem beträchtlichen Außenbeitrags-Überschuß ergibt sich die Möglichkeit, daß in das Ausland gehendes Kapital wieder zurückgeholt wird. Wenn man sinkende Wechselkurse erwartet, muß die Bundesbank einen reduzierten Deport fordern, um Impulse zu geben, damit mehr Geld im Ausland angelegt wird. Will man dagegen eine Passivierung der Zahlungsbilanz verhindern, ist ein Report zu gewähren, welcher höher ist, als jener, der sich am Markt ergeben würde.

Gelder im Ausland anzulegen oder zu importieren, wodurch speziell das inländische Zinsniveau bzw. die gesamtwirtschaftliche Liquidität tangiert wird. Die Wirksamkeit der Swapsatzpolitik der Notenbank ist allerdings beschränkt, weil die Geschäftsbanken bei einem Abweichen des durch die Notenbank festgelegten vom freien Swapsatz Ausweichgeschäfte, sogenannte Karussellgeschäfte, durchführen können.

bb) Instrumente der Liquiditätspolitik

(1) Die *Mindestreserven* sind das wichtigste quantitativ wirkende Instrument der Geldpolitik. Nach gesetzlichen Bestimmungen haben die Kreditinstitute die Verpflichtung, in Höhe des von der Zentralbank prozentual festgelegten *Mindestreservesatzes* einen bestimmten Teil ihrer Aktiva und/oder ihrer Passiva unverzinslich als Pflichteinlagen bei der entsprechenden Landeszentral-Stelle (LZB) — einer Filiale der Bundesbank — zu unterhalten. Aufgrund dieses Zwangscharakters der Pflichteinlagen ist die Mindestreservepolitik ein besonders effektives Instrument der Geldpolitik, indem sie das Ausmaß des Geldangebotes durch die Geschäftsbanken je nach dem gesamtwirtschaftlichen Erfordernis regelt.

— Die *Mindestreserve* ist ein Guthaben eines Kreditinstitutes (inklusive der Realkreditinstitute und der Bausparkassen), die auf dem Konto bei der Deutschen Bundesbank infolge der gesetzlichen Mindestreservebestimmungen gehalten werden muß. Die *Mindestreservesätze* haben eine Staffelung nach *Sichteinlagen von Inländern* mit einem maximalen Mindestreservesatz von 30 %, *Termineinlagen von Inländern* mit einem maximalen Mindestreservesatz von 20 % und *Spareinlagen von Inländern* mit gesetzlicher Kündigungsfrist mit einem maximalen Mindestreservesatz von 10 %.

— Die *Wirkungsweise der Mindestreservenpolitik* besteht darin, daß bei Erhöhung der Mindestreservesätze durch die Bundesbank, die Kreditinstitute bei ihr höhere Pflichtreserven halten müssen. Dies bedeutet, daß die Liquidität der Kreditinstitute zurückgeht und sich gesamtwirtschaftlich die Möglichkeiten der Kreditschöpfung durch die Geschäftsbanken reduzieren. Aus diesen restriktiven geldpolitischen Impulsen ergibt sich dann letztlich eine Steigerung der Zinssätze. Eine Senkung der Mindestreservesätze hat grundsätzlich die umgekehrte Wirkung. Durch die Veränderung der Mindestreservesätze ergibt sich also eine nachhaltige Variierung des Potentials an Geldangebot der Geschäftsbanken gegenüber den Unternehmen und den anderen Kreditnachfragern. So kann eine Steigerung des Mindestreservesatzes bei den Banken zu einer Bindung der bislang freien Liquiditätsreserven und einem Einfrieren auf dem Girokonto bei der Bundesbank führen. Dies bewirkt unmittelbar eine Senkung des Kreditangebotes, was bei unveränderter Nachfrage nach Krediten grundsätzlich zu einer Zinssatzsteigerung führt. Durch

hohe Zinsen kommt es dann letztlich zu einem Rückgang der über Kredite finanzierten Investitionen und der Verbrauchernachfrage.
— Die *Problematik der Mindestreservenpolitik* besteht darin, daß sich bei zu häufiger Änderung der Mindestreservensätze bei den Unternehmen erhebliche Unsicherheiten in ihren geschäftlichen Dispositionen ergeben. Außerdem ist die Erhebung einer Mindestreserve auf Spareinlagen umstritten, da diese nicht den unmittelbaren Geldcharakter im Sinne von Zahlungsmitteln haben. Positiv ist jedoch zu vermerken, daß die Mindestreservenpolitik eine rasche und wirksame Möglichkeit bietet, die gesamtwirtschaftliche Liquidität direkt und bestimmte angestrebte Endziele der Volkswirtschaftspolitik zu beeinflussen.

(2) Die *Offenmarktpolitik* ist der An- und Verkauf von Wertpapieren am ,,offenen Markt'' auf eigene Rechnung der Deutschen Bundesbank. Durch den Wertpapierkauf wird Zentralbankgeld geschaffen, indem entsprechende Zahlungen gegenüber den Geschäftsbanken oder Unternehmen geleistet werden; durch den Verkauf wird Zentralbankgeld gewissermaßen vernichtet, weil die Wertpapiere von den Käufern aufgenommen und bezahlt werden und somit Liquidität an die Zentralbank übertragen wird. Bei einer *expansiven* Offenmarktpolitik kauft die Deutsche Bundesbank Wertpapiere von Kreditinstituten und/oder Nichtbanken und bezahlt mit Zentralbankgeld, wobei eine Geldschöpfung durchgeführt wird, während bei dem Verkauf eine Herausnahme von Geld und somit gewissermaßen eine Geldvernichtung erfolgt.

— Die *Teilnehmer am offenen Marktgeschäft* sind auf der einen Seite die Notenbank und auf der anderen Seite grundsätzlich die Geschäftsbanken, wobei in Ausnahmefällen auch Nichtbanken auftreten. Als *Offenmarkttitel* können bundesbankfähige Wechsel, Schatzwechsel mit einer Laufzeit von bis zu 3 Monaten, deren Aussteller der Bund, eine seiner Sondervermögen (Bundesbank, Bundespost) oder ein Bundesland ist, unverzinsliche Schatzanweisungen (Kassenobligationen) mit einer Laufzeit von 3,6,9,12, oder 24 Monaten, deren Ausstellung der Bund, eine seiner Sondervermögen oder ein Bundesland ist, auftreten. Diese Wertpapiere sind zum Teil dem Geldmarkt, z.T. dem Kapitalmarkt, zuzuordnen; die Notenbank ist nicht in der Lage, Aktien in das Offenmarktgeschäft einzubeziehen, ebensowenig eigene Wertpapiere, die sie unbegrenzt schaffen könnte.

— Die *Wirkungen der Offenmarktpolitik* bestehen darin, daß sie direkt die Bankenliquidität und indirekt die Zinshöhe beeinflußt. Beim *Kauf* von Wertpapieren durch die Bundesbank wird Zentralbankgeld den Banken und damit der Gesamtwirtschaft zur Verfügung gestellt bzw. beim *Verkauf* ergibt sich die umgekehrte Situation. Die Nachfrage nach Wertpapieren durch die Bundesbank führt bei einer expansiven Offenmarktpolitik natürlich auch zu einer Steigerung der Wertpapierkurse und damit zu Kapitalgewinnen bei den Käufern von Wertpapieren bzw. einer Senkung des Wertpapierzinssatzes und daraus folgend der Rendite der Wertpapiere.

— Die *Problematik der Offenmarktpolitik* ist darin zu erblicken, daß die Notenbank entsprechende Wertpapiere nur so lange verkaufen kann, bis ihre Bestände an diesen Titeln erschöpft sind. Die Geschäftsbanken werden sich häufig auch nicht von ihren Offenmarktpapieren trennen, weil sie diese als Liquiditätsreserven halten wollen. Es wird auch festgestellt, daß durch die Offenmarktpolitik die Geldmenge nur indirekt beeinflußt werden könnte, da durch die veränderten Preise lediglich Impulse für Kauf und Verkauf gegeben wird, die konkrete Initiative aber bei den Geschäftsbanken liegt. Letztlich ist auch darauf zu verweisen, daß der Umfang der Offenmarktpolitik zu gering wäre, um konkret geldpolitische Wirkungen zu erzeugen. Daraus ergibt sich, daß dieses geldpolitische Instrument ebenfalls nur gemeinsam mit den übrigen Instrumenten der Geld- bzw. Währungspolitik eingesetzt werden kann.

(3) Bei dem geldpolitischen Instrument der *Einlagenpolitik* sind Bund und Länder sowie die Sondervermögen des Bundes (Bundesbahn, Bundespost, ERP-Sondervermögen und Lastenausgleichsfonds) grundsätzlich verpflichtet, ihre flüssigen Mittel auf dem Girokonto der Bundesbank zinslos zu halten. Mit deren ausdrücklicher Zustimmung können derartige Guthaben jedoch auch bei Geschäftsbanken ein- bzw. angelegt werden. Der geldpolitische Aspekt dieses Instruments liegt darin, daß zeitweilig verfügbare Gelder — hier spielen natürlich die öffentlichen Guthaben zu den vierteljährlichen Hauptsteuerterminen eine wesentliche Rolle — in den Geldkreislauf fließen und diesen aufblähen bzw. der Bankenliquidität wieder entzogen werden.

— Die *Zielsetzung* der Einlagenpolitik besteht darin, im Rahmen der Geldpolitik eine weitere liquiditätspolitische Abhängigkeit der Geschäftsbanken von der Bundesbank herbeizuführen.

— Die *grundsätzlichen Wirkungen* können kontraktiv oder expansiv sein. Eine Erhöhung der Guthaben der öffentlichen Hand bei der Bundesbank reduziert die geldliche Basis und die Bankenliquidität, während eine Verlagerung der Guthaben von Bund und Ländern von der Bundesbank zu den Geschäftsbanken die entgegengesetzte Wirkung bringt. Die Einlagenpolitik hat für sich allein genommen keine große praktische Bedeutung, sie kann jedoch mit den anderen geldpolitischen Instrumenten die Liquidität der Geschäftsbanken und damit auch die Situation am Geldmarkt kurzfristig beeinflussen.

— Als *Problem der Einlagepolitik* kann genannt werden, daß das Ausmaß des Liquiditätsentzugs bzw. die Möglichkeit der Liquiditätsausdehnung von der Höhe der öffentlichen Kassenbestände abhängt. Auf diese hat die Notenbank selbstverständlich keinen Einfluß, da sie in erster Linie auf die konjunkturelle Situation der Volkswirtschaft zurückzuführen ist.

(4) Das Instrument der *Refinanzierungskontingentierung* ergibt sich im Hintergrund des Tatbestandes, daß eine Fremdkapitalaufnahme durch Geschäftsbanken erfolgt, um Mittel für die eigene Kreditgewährung zu erhalten. Die häufigste Form der Refinanzierung ist die der Geschäftsbanken bei der Bundesbank

durch die Rediskontierung von Wechseln, durch die Aufnahme von Lombardkrediten und durch den Verkauf von Offenmarktpapieren. Die Aktionsmöglichkeiten der Refinanzierungspolitik der Bundesbank sind zum einen die Veränderung des Diskont- bzw. Lombardsatzes (Vgl. S. 61ff.); im Rahmen einer *qualitativen Refinanzierungspolitik* besteht weiterhin die Möglichkeit, daß die Notenbank die Anforderungen an die in ihre Refinanzierungspolitik einbezogenen Wechsel und Wertpapiere verändern kann. Sie kann auch partiell die Wechsel einzelner Branchen diskriminieren (z.B. bei Wechseln aus Baugeschäften) oder bevorzugen (z.B. Erhöhung des Kontingents von Wechseln aus Exportbranchen). Ein wesentliches Element der Refinanzierungspolitik ist die Festlegung von *Höchstgrenzen für die Kreditgewährung* an die Banken bei der Diskontierung bzw. Lombardierung. Diese Obergrenze für die Inanspruchnahme von Diskont- und Wechselkrediten wird für die einzelne Geschäftsbank grundsätzlich als Anteil der haftenden Mittel oder des Eigenkapitals festgelegt.

— Das *Ziel der Rediskontkontingentpolitik* ist es, die liquiden Mittel im System der Geschäftsbanken zu reduzieren oder zu erweitern; damit soll das Geldangebot der Geschäftsbanken direkt beeinflußt werden, indirekt aber auch über die Veränderung der Kreditkosten die Nachfrage nach Geld.

— Die *Wirkung* dieser quantitativen Veränderung der Refinanzierung besteht darin, daß, wenn die Bundesbank die Höchstgrenze heraufsetzt, der Refinanzierungsspielraum der Geschäftsbanken ausgedehnt und deren Liquidationssituation verbessert wird; daraus ergibt sich dann eine expansive Geldpolitik mit der Fernwirkung einer verbesserten Konsumnachfrage bzw. der Erhöhung von Investitionen der Unternehmen. Durch die Senkung des Kreditlimits hat die Bundesbank wegen der exakt gegensätzlichen Wirkungen restriktive Zielsetzungen. Die Senkung der Rediskont- und Lombardkontingente führt dazu, daß der Refinanzierungsspielraum der Banken unmittelbar tangiert wird. Wenn etwa die Notenbank die Obergrenzen, bis zu denen sie Wechsel und Wertpapiere von Geschäftsbanken ankauft, generell um 5 % senkt, dann wird die Möglichkeit der Geschäftsbanken, sich durch die Refinanzierung Zentralbankgeld zu beschaffen, in dem entsprechenden Umfange zurückgeschraubt.

— Die *Problematik der Refinanzierungskontingentierung* besteht darin, daß sich zwar die kreditpolitischen Rahmenbedingungen für die Unternehmen ändern, diese jedoch trotzdem bestimmte ökonomische Entscheidungen treffen, die mit dem Ziel der Geldpolitik keineswegs übereinstimmen. Wenn sich durch die Refinanzierungskontingentierung eine Erhöhung der Kreditkosten für ein Unternehmen ergibt, dieses jedoch aufgrund günstiger Absatzchancen trotzdem die Möglichkeit sieht, die gestiegenen Kreditkosten in die Preise einzukalkulieren, so kann sich über diese quantitative Diskontpolitik das von der Notenbank angestrebte Ziel einer Geldwertstabilisierung ins Gegenteil verkehren.

cc) Geldpolitische Instrumente ohne Rechtsgrundlage

Durch *Moral Suasion* (Seelenmassage, gütliches Zureden) und *Gentlemen's Agreement* finden wirtschafts- bzw. geldpolitische Instrumente Anwendung, die keine rechtlichen Grundlagen und Handhaben der wirtschaftspolitischen Träger, insbesondere der Bundesbank gegenüber den Wirtschaftssubjekten einer Volkswirtschaft haben. Zwischen der Notenbank und den Bankenverbänden werden beispielsweise Vereinbarungen im Hinblick auf ein kooperatives Verhalten der Geschäftsbanken gegenüber der Bundesbank zur Erreichung eines bestimmten gesamtwirtschaftlichen Zieles getroffen. In abgeschwächter Weise kann das Instrument der Moral Suasion in der Weise angewendet werden, um an die Einsicht der Geschäftsbanken bzw. der Unternehmen und Haushalte zu appellieren, eine von der Zentralbank angestrebte Verhaltensweise geldpolitisch und durch entsprechendes ökonomisches Verhalten zu unterstützen. Bei den entsprechenden Vereinbarungen bzw. Appellen wird grundsätzlich eine Einstellung und ein Verhalten gefordert, bei dem eine Ausrichtung am Allgemeinwohl gegeben ist. In diesem Sinne werden beispielsweise die Geschäftsbanken aufgefordert, sich bei der Kreditgewährung oder bei bestimmten Verkäufen von Wertpapieren zurückzuhalten.

Die *Problematik* der Politik der Moral Suasion und des Gentlemen's Agreement ist von bestimmten Bedingungen abhängig.

— Wenn die Kreditinstitute erkennen, daß sie bei Nichtbefolgung der entsprechenden Appelle der Notenbank mit dem Einsatz anderer geldpolitischer Instrumente zu rechnen haben, dann werden sie sich eventuell freiwillig den notenbankpolitischen Wünschen fügen.

— Wenn die Geschäftsbanken erkennen, daß sie bei Verzicht auf Geschäfte dazu beitragen, daß andere, etwa ausländische Geschäftsbanken, an ihre Stelle treten, um die entsprechenden Geschäfte durchzuführen, werden sie wahrscheinlich den Appellen der Notenbank nicht Folge leisten.

— Wenn es durch die freiwillige Verhaltensweise der Geschäftsbanken im Hinblick auf bestimmte Bankgeschäfte zu verstärkten Umsatz- und Gewinneinbußen kommen würde, ergäbe es sicherlich eine betriebswirtschaftliche Überforderung der Geschäftsbanken und eine Nichtbefolgung der Moralsuasionen.

dd) Instrumente der Wechselkurspolitik

Das Außenwirtschaftliche Gleichgewicht kann ohne eine Kanalisierung der monetären Ströme zwischen den Volkswirtschaften nicht oder nicht ausreichend verwirklicht werden. Dies ist insbesondere für die deutsche Volkswirtschaft von Bedeutung, weil sie in besonders starkem Umfange in die Weltwirtschaft integriert ist. Deswegen ist es notwendig, die Geldströme zwischen dem Inland und dem Ausland durch die Währungspolitik zu steuern, was insbesondere durch die Wechselkurspolitik erfolgt.

(1) Der *Wechselkurs* ist im Sinne eines Austauschverhältnisses zwischen nationalen Währungen der Preis einer Währungseinheit, ausgedrückt in Einheiten einer anderen Währung, wobei zwei Ausrichtungen des Wechselkursbegriffes möglich sind:

— Der *Devisen- oder Preiswechselkurs* bezeichnet den Preis einer ausländischen Währungseinheit ausgedrückt in inländischer Währung. Beispiel: Der Wechselkurs des US-Dollars von DM 1.50 bedeutet, daß man für einen US-Dollar DM 1.50 bezahlen muß.

— Der *Mengenwechselkurs* ist der Preis einer inländischen Währungseinheit ausgedrückt in ausländischer Währung. Beispiel: Für 10 öS erhält man DM 1.40. Grundsätzlich kann davon ausgegangen werden, daß der Mengenwechselkurs der Kehrwert des Preiswechselkurses darstellt.

(2) Die *Wechselkurssysteme* sind ein Ergebnis der staatlichen Wechselkurspolitik und insbesondere auf die Art und Weise der Festlegung des Wechselkurses ausgerichtet. Die Extremfälle sind zum einen ein völlig freies Wechselkurssystem, bei dem der Staat überhaupt nicht in die Wechselkursgestaltung eingreift und zum anderen staatlich fixierte Wechselkurse, die keinerlei Markteinflüssen unterliegen.

— Die *vollständig freien Wechselkurse* bilden sich am Devisenmarkt in einem freien Spiel von Angebot und Nachfrage (Floating). Die Notenbanken nehmen keinerlei Einfluß auf den Devisenkurs, der sich aufgrund des Devisenangebotes und der Devisennachfrage zu einem Devisenmarktgleichgewicht entwickelt. Nach der Veränderung des Status des internationalen Währungsfonds im Jahre 1976 sind in der internationalen Währungskooperation flexible Wechselkurse zulässig.

— Die *völlig festen Wechselkurse* sind von Regierung oder/und Notenbank festgelegt und auf eine Unveränderlichkeit des Wechselkurses während eines bestimmten Zeitraumes ausgerichtet, auch wenn sich die Marktveränderungen hinsichtlich des Angebots oder der Nachfrage von Devisen nachhaltig verändert haben. Im Bretton-Woods-Abkommen von 1944 über die Errichtung des Weltwährungsfonds und der Weltbank ist der Grundsatz fester Wechselkurse vereinbart worden. Wenn sich im Rahmen dieses Systems Zahlungsbilanzdefizite ergeben, sollten Währungsreserven und Auslandskredite eingesetzt werden. Man wollte auch nicht auf lange Dauer absolut an einem fixierten Wechselkurs festhalten. So sollte bei strukturellen Zahlungsbilanzungleichgewichten die Anpassung der Wechselkurse durch Paritätsänderungen im Sinne der Entscheidung der nationalen Regierungen durchgeführt werden. Dieses Vorgehen wurde auch als ,,Stufenflexibilität der Wechselkurse" bezeichnet, um darauf hinzuweisen, daß der Wechselkurs eigentlich fixiert ist und nur in größeren zeitlichen Perioden, also in Stufen, den gewandelten Marktverhältnissen anzupassen ist.

— Das System der *starren Wechselkurse mit Bandbreite* ist eine Mischform zwischen dem System der völlig freien Wechselkurse und der staatlich fixierten Wechselkurse. Grundsätzlich ist staatlicherseits ein fester Wechselkurs bestimmt worden, doch können die Wechselkurse innerhalb einer bestimmten Ober- und Untergrenze um diesen festgelegten Wechselkurs schwanken, wodurch die marktwirtschaftlichen Einflüsse der außenwirtschaftlichen Bedingungen berücksichtigt werden. Im Währungssystem von Bretton-Woods konnten die Wechselkurse von 1944 bis 1971 um ± 1 % um die Dollarparität schwanken. Bis Frühjahr 1973 wurde dann eine Ausdehnung der Schwankungsbreite bis auf $\pm 2{,}5$ % vorgenommen. Bei den freien Währungen der heutigen marktwirtschaftlichen Volkswirtschaften sind die staatlichen Instanzen dann zum Eingreifen in die Geldströme zwischen In- und Ausland verpflichtet, wenn sich ein Überschreiten des oberen bzw. unteren Interventionspunktes ergibt.
— Ein *manipuliertes Floating* ist dann gegeben, wenn es sich in einer Volkswirtschaft grundsätzlich um ein System freier Wechselkurse handelt, in welchem die Notenbank keine Verpflichtung zu Interventionen am Devisenmarkt hat, sie jedoch tatsächlich derartige Eingriffe vornimmt, um nicht nur kurzfristige Ausschläge des Wechselkurses auszugleichen, sondern um insbesondere auch als unerwünscht betrachtete mittel- bzw. langfristige Kursentwicklungen zu verhindern. Bei einem derartigen System flexibler Wechselkurse, bei dem es zeitweise oder regelmäßig zu Interventionen der nationalen Instanzen am Devisenmarkt kommt, wird von einem *kontrollierten oder schmutzigen* Floating gesprochen. Viele Volkswirtschaften praktizierten nach dem Übergang zu flexiblen Wechselkursen im Jahre 1973 eine derartige Wechselkurspolitik, um zu starke Ausschläge im Wechselkursniveau zu verhindern.

(3) Bei einer *Aufwertung* — die marktbedingt oder staatlich administrativ herbeigeführt sein kann — kommt es zu einer Änderung des Wechselkurses der Inlandswährung gegenüber den ausländischen Währungen, welche in der Mengennotierung (Verhältnis US-Dollar zu DM) mit einer Steigerung des Wechselkurses verbunden ist und bei der die Inlandswährung nach einer Aufwertung in Devisen eine Steigerung ihres Wertes erfährt. Werden, wie dies in der Bundesrepublik Deutschland vorgenommen wird, die Wechselkurse in Preisnotierungen angegeben (DM im Verhältnis zu Dollar), so ist eine Aufwertung an der Reduzierung des Devisenkurses zu ersehen. Sinkt zum Beispiel der Devisenkurs des US-Dollars von 1,60 DM auf 1,50 DM, so hat sich die DM als Inlandswährung gegenüber dem US-Dollar aufgewertet. Es kommt somit zu einer Erhöhung des Preises der inländischen Währung gegenüber ausländischen Währungseinheiten durch diese Art der Änderung des Wechselkurses. Eine Aufwertung der Inlandswährung hat gegenüber den ausländischen Währungen folgende Konsequenzen, die sich dann letztlich in den Außenwirtschaftsbeziehungen niederschlagen:

— Eine *Exportverteuerung* ist die Folge jeder Aufwertung der Inlandswährung. Beispiel: Ein US-Amerikaner konnte bis 1969 für 100 US-Dollar deutsche Waren und Leistungen im Wert von DM 400 kaufen, da der Wechselkurs 1 Dollar = DM 4.— war; zum gegenwärtigen Zeitpunkt ist aufgrund der erfolgten Aufwertung der DM und der gleichzeitigen Abwertung des US-Dollars im Hinblick auf die Relation 1 US-Dollar = DM 1.50, eine Verschlechterung der Einkaufsmöglichkeiten aus US-amerikanischer Sicht eingetreten. Dies bedeutet für die gesamte deutsche Volkswirtschaft, daß sich sämtliche Güter, die auf US-Dollar-Basis abgerechnet werden, nachhaltig verteuert haben.
— Eine *Importverbilligung* ist die Folge jeder Aufwertung der Inlandswährung. Beispiel: Ein Deutscher konnte bis 1969 für DM 400 lediglich US-Güter im Wert von US-Dollar 100 kaufen. Anfang 1991 hat sich seine Nachfragesituation auf der Basis von US-Dollars wesentlich gewandelt; bei einem Kurs von 1 US-Dollar = DM 1.50 muß er wesentlich weniger an Inlandswährung aufwenden, um die entsprechenden Waren und Dienstleistungen (gerade auch Ausgaben für Reisen in den USA) bezahlen zu können. Insgesamt bedeutet dies, daß sich alle Importe von Gütern, die auf US-Dollar-Basis erfolgen, nachhaltig preislich reduziert haben.

(4) Bei einer *Abwertung der Inlandswährung* gegenüber Währungen des Auslandes (Devisen) ergeben sich die folgenden Situationen: In der Mengennotierung (öS zum Verhältnis zur DM) ergibt sich ein Sinken des Wechselkurses; die Inlandswährung ist nach der Abwertung in Devisen weniger wert. Wenn die Wechselkurse in der in der Bundesrepublik Deutschland angewandten Preisnotierung angegeben werden (DM zu US-Dollar), so ergibt sich eine Abwertung durch eine Steigerung des Devisenkurses. Wenn etwa der Devisenkurs des US-Dollars von 1,50 DM auf 1,70 DM erhöht wird, so ergibt sich eine Abwertung der DM gegenüber dem US-Dollar. Dies führt zu den nachfolgenden außenwirtschaftlichen Konsequenzen:

— Eine *Exportverbilligung* ist die Folge jeder Abwertung, da sich die inländischen Güter im Ausland zu günstigeren Preisen verkaufen lassen. Beispiel: Wenn ein US-Amerikaner 100 US-Dollar aufwendet, dann konnte er vor der Abwertung lediglich deutsche Güter im Werte von DM 150.— kaufen; nach der Abwertung steigt seine Kaufmöglichkeit auf deutsche Güter im Wert von DM 170.— an. Insgesamt bedeutet dies eine Verbesserung der Exportmöglichkeit der deutschen Volkswirtschaft.
— Eine *Importverteuerung* ergibt sich aus jeder Abwertung, weil sich die Auslandsgüter im Inland zu ungünstigeren Preisen als vor der Abwertung verkaufen lassen. Beispiel: Wenn sich eine Abwertung der DM in Relation zum US-Dollar von einem US-Dollar zu DM 1.50 auf DM 1.60 ergeben hat, so bedeutet dies, daß deutsche Importeure mehr an DM aufwenden müssen, um entsprechende Güter auf der Basis von US-Dollar im Ausland zu kaufen. Grundsätzlich verbilligt also eine Abwertung die heimischen Exporte auf

dem Weltmarkt und verteuert die Importe; dies führt dazu, daß sich die Situation der Leistungsbilanz verbessert, in der Regel das Defizit reduziert bzw. der Überschuß abgelöst wird.

(5) Das 1979 geschaffene *Europäische Währungssystem (EWS)* verfolgt die Zielsetzung, in Europa einen währungspolitischen Zusammenschluß und eine Zone der Währungsstabilität herbeizuführen; alle EG-Länder sind Mitglied des EWS, das aus den folgenden Elementen besteht:

— Zwischen den Währungen der EG-Mitgliedsländer gibt es ein *System fester Wechselkurse.*
— Die *Europäische Währungseinheit ECU* ist die Basis für die Festlegung der Leitkurse.
— Das *Interventionssystem* hat die Funktion, Abweichung von den Währungsparitäten durch Über- oder Unterschreitung der Interventionspunkte zu vermeiden. Im Mittelpunkt stehen dabei in ECU definierte Leitkurse, welche die Grundlage für die Festlegung der Wechselkurse zwischen den beteiligten Währungen sind. Die Marktkurse der Währungen dürfen nur in Bandbreiten von $\pm 2{,}25\,\%$ schwanken; es handelt sich hier um einen Wechselkurs- und Interventionsmechanismus.
— Ein *Indikator für Abweichungen* soll die Beeinträchtigungen im Wechselkurssystem darstellen. Treten Probleme auf, ist das entsprechende Land zu wirtschaftspolitischen Maßnahmen verpflichtet oder es hat Verhandlungen mit den übrigen EG-Ländern durchzuführen. Es ist eine wirtschaftspolitische Selbstverständlichkeit, daß langfristig stabile Wechselkurse nur bei einer abgestimmten Geld- und Fiskalpolitik bzw. einer in der gleichen Richtung laufenden Konjunktur möglich sind.
— Der *Europäische Währungsfonds* soll gegen Einzahlung von Währungsreserven und nationalen Währungen für einen Saldenausgleich des Systems sorgen und im Problemfall Kredite gegen damit verbundene wirtschaftspolitische Auflagen bereitstellen. Er macht also bei Bedarf den nationalen Zentralbanken das Angebot, für einen Ausgleich der Salden im Währungssystem Sorge zu tragen. Er bietet in diesem Sinne den Zentralbanken Kredite an, womit er allerdings wirtschaftspolitische Auflagen verbinden kann. Es findet ein *Floaten der EG-Währungen* gegenüber dem US-Dollar statt, so daß das EWS eine doppelte Orientierung hat: Zum einen ist zwischen den Währungen der EWS-Länder (die grundsätzlich identisch sind mit den EG-Staaten) ein System fester Wechselkurse vorhanden, während zum anderen gegenüber dem US-Dollar sämtliche im EWS befindlichen Währungen dem jeweiligen Wechselkurs auf der Basis von Angebot und Nachfrage an Devisen festlegen.

Nach Beschluß des Europäischen Rates in Maastricht im Dezember 1991 soll noch vor dem Jahre 2000 eine Europäische Währungsunion (EWU) mit einer gemeinsamen Währungseinheit, dem ECU, geschaffen werden, so daß zwischen den EG-Ländern wechselkurspolitische Aktivitäten entfallen. Es wird dann von der Europäischen Gemeinschaft gegenüber anderen Volkswirtschaften eine eigenständige Wechselkurspolitik durchgeführt.

b) Instrumente der öffentlichen Finanzpolitik

Unter öffentlicher Finanzpolitik versteht man die Gestaltung der staatlichen Ausgaben und Einnahmen zur Verwirklichung verschiedener Zielsetzungen. Dabei geht es im Gegensatz zu früheren Zeiten nicht mehr primär um die Deckung eines öffentlichen Finanzbedarfs, sondern vielmehr um die Realisierung des gesamtwirtschaftlichen Gleichgewichts, der Erhaltung und Verbesserung des staatlichen Sektors als Dienstleistungsbereich (Schulen, Hochschulen, Wirtschaftsförderung u.a.), der Realisierung einer gerechten Einkommens- und Vermögensverteilung und einer langfristigen Stabilisierung des gesamten Wirtschaftsgeschehens und gesellschaftlichen Lebens in einem Lande. Es wird also der Umfang und der Aufbau des Sozialprodukts durch Staatsausgaben und Staatseinnahmen zu beeinflussen versucht. Dies gilt für alle anderen Bereiche der Gesellschaft (Militär, Verkehrs- und Sozialsektor u.a.), sofern sie den Einsatz öffentlicher Mittel benötigen. Die *Träger der öffentlichen Finanzpolitik* unterscheiden sich entsprechend des Aufbaues des Staates; in einem Zentralstaat gibt es andere Entscheidungsinstanzen als in einem föderativ organisierten Staatswesen wie der Bundesrepublik Deutschland. Hier sind neben dem Bund, die Länder, die Gemeinden sowie die Sondervermögen des Bundes die Träger der öffentlichen Finanzpolitik. Die wichtigsten Instrumente der öffentlichen Finanzpolitik sind: Ausgaben-, Einnahmen-, Verschuldungs- und Budgetpolitik. Der Begriff Fiscal Policy ist nicht identisch mit der staatlichen Finanzpolitik. Es handelt sich dabei um jene Haushaltspolitik, die primär an einer Stabilisierung der konjunkturellen Entwicklung und an der Realisierung des wirtschaftlichen Wachstums ausgerichtet ist.

aa) Staatliche Ausgabenpolitik

(1) Das *Wesen der Staatsausgaben* ist darin zu erblicken, daß sie finanzielle staatliche Aufwendungen sind, die auf der Ausgabenseite der Haushaltspläne des Bundes, der Bundesländer, der Gemeinden u.a. auftreten und die funktional nach bestimmten Aufgabensektoren (Verkehr, Verteidigung, Umwelt u.a.) eingesetzt werden. Nach gesamtwirtschaftlichen Gesichtspunkten kann die folgende grundsätzliche Systematisierung der Ausgabearten durchgeführt werden:
— Bei den *Real- oder Transformationsausgaben* handelt es sich um Leistungsentgelte, also um Sach- bzw. Personalausgaben, mit denen die Gebietskörperschaften und andere staatliche Institutionen an den Märkten Leistungen erwerben, die dann wiederum von der öffentlichen Hand in öffentliche Dienstleistungen umgesetzt werden, weshalb auch die Bezeichnung ,,Trans-

formationsausgaben" benutzt wird. Es tritt hier also der Staat direkt als Nachfrager von Waren und Dienstleistungen auf und übernimmt somit auch einen Teil des Sozialprodukts. Mit diesen von den staatlichen Instanzen gekauften Gütern werden Dienstleistungen erzeugt und zur Verfügung gestellt, die dann von den privaten Haushalten und Unternehmen grundsätzlich ohne Bezahlung aufgenommen werden.

Beispiel:

Eine Hochschule kauft von Privatunternehmen Bücher, Bürogeräte, PCs, Laboreinrichtungen, Büromaterial, Einrichtungen für die Lehrausstattung der Hörsäle u.a. und hat Ausgaben für Professoren und Hochschulbedienstete, um damit den Nachfragern nach Studienplätzen eine Leistung in einem bestimmten Studienangebot zur Verfügung stellen zu können. — Ein Bundesland hat Ausgaben für Polizeiautos, Justiz- und Polizeigebäude, entsprechende Büroeinrichtungen und an Büromaterial sowie an Personalausgaben für Polizeibeamte, wodurch im Rahmen einer ohne Entgelt der Öffentlichkeit zur Verfügung gestellten Leistung innere und äußere Sicherheit bewirkt wird.

— Bei den *Transferausgaben* werden durch den Staat Zahlungen an Privathaushalte oder im Sinne von Subventionen an Unternehmen geleistet, wobei der Staat hierfür keine marktwirtschaftlich zu bewertende Gegenleistung bekommt. In gewissem Sinne handelt es sich um Übertragungen von Kaufkraft des Staates an die Unternehmen bzw. die privaten Haushalte, wobei man insbesondere sozialpolitische Absichten hat. Als Transferzahlungen gegenüber den Privathaushalten können genannt werden: Zahlungen aus der Rentenversicherung, der Arbeitslosenversicherung, der Krankenversicherung, der Sozialhilfe, des Mutterschutzes; Kinder- und Wohngeld, Spar- und Wohnungsbauprämien. Bei den Subventionen handelt es sich um staatliche Kaufkraftübertragungen an Unternehmen, bei denen anstatt einer marktwirtschaftlichen Gegenleistung eine bestimmte Verhaltensweise der Unternehmen gefordert wird. Die Subventionen können in Form von Zahlungen aus dem Staatshaushalt, aber auch in steuerlichen Vergünstigungen gegenüber den Unternehmen — also einem Einnahmeverzicht der öffentlichen Haushalte — bestehen.
— Bei einer *Ausgabenerhöhung* aufgrund von Zahlungen für Güterkäufe und für Transferzahlungen, ergibt sich im ersten Fall eine direkte Auswirkung auf die gesamtwirtschaftliche Nachfrage, während es im zweiten Fall zu einem indirekten Einfluß auf die gesamtwirtschaftliche Nachfrage über die private Nachfrage der Haushalte kommt. Es findet auf jeden Fall mittel-

oder unmittelbar eine Steigerung der volkswirtschaftlichen Gesamtnachfrage statt, wobei dies in Phasen der Hochkonjunktur als problematisch, in Zeiten der Rezession und Depression als im Sinne eines antizyklischen Verhaltens des Staates positiv bewertet wird.
— Bei der *Ausgabensenkung* werden die öffentlichen Käufe von Waren und Dienstleistungen bzw. die Transferzahlungen an die Haushalte bzw. die Subventionen an die Unternehmen reduziert, um eine gesamtwirtschaftlich kontraktive Wirkung der konjunkturellen Entwicklung zu erreichen. Es ist allerdings unmöglich, die Personalausgaben für die öffentlich Bediensteten aufgrund von Tarifverträgen bzw. gesetzlichen Bestimmungen zu reduzieren; sie können in einem geringeren Umfange als in anderen Wirtschaftsbereichen erhöht werden.

(3) Im Hinblick auf die öffentliche Ausgabenpolitik ist die *Staatsquote,* d.h. das Verhältnis der Staatsausgaben als Bewertung für die Staatstätigkeit zum Sozialprodukt von Bedeutung. Die allgemeine Staatsquote ist die Relation der gesamten Staatsausgaben, inklusive jener der Sozialversicherung, zum Bruttosozialprodukt zu Marktpreisen. In der Bundesrepublik Deutschland hat sich die Staatsquote permanent erhöht und sie belief sich Anfang der 1980er Jahre auf mehr als 50 %. Es wäre jedoch falsch, zu meinen, daß in der Größe der Staatsquote durch den Staat das Sozialprodukt in Anspruch genommen würde, er kontrolliert lediglich die entsprechenden Finanzströme in der Volkswirtschaft. Eine Erhöhung der Staatsquote ist auch nicht gleichbedeutend mit einer besseren Versorgung der Wirtschaftssubjekte mit öffentlichen Gütern, da deren Bewertung mit Kostenpreisen und nicht durch Marktpreise erfolgt. Eine höhere Staatsquote könnte somit durchaus mit einer Überversorgung eines Landes mit staatlichen Diensten verbunden sein. Aus Berechnungsgründen ist es schwierig, exakt den Anteil des Staates am Sozialprodukt zu messen; trotzdem gibt die Staatsquote ein Maß für die Entwicklung der Staatstätigkeit in einem Lande.

bb) Öffentliche Einnahmenpolitik

(1) Die *Vielfalt der Staatseinnahmen* resultiert aus der Notwendigkeit des modernen Staates, seinen umfassenden Aufgaben nachkommen zu können und aus den unterschiedlichen Funktionen, welche die verschiedenen Gebietskörperschaften gegenüber den Bürgern erbringen. So hat etwa eine Gemeinde den Bürgern gegenüber andere Funktionen zu erfüllen, als dies der Bund oder die Länder zu tun haben.
— Die *Steuern* sind die wichtigste Art der staatlichen Einnahmen. Nach der Abgabenordnung sind sie ,,Geldleistungen, die nicht eine Gegenleistung für eine besondere Leistung darstellen und von einem öffentlich-rechtlichen Gemeinwesen zur Erzielung von Einnahmen allen auferlegt werden, bei denen der Tatbestand zutrifft, an den das Gesetz die Leistungspflicht knüpft''. Steuern sind also öffentliche Zwangsabgaben, ohne daß der Steuerzahler

einen Anspruch auf irgendeine Gegenleistung hat; dadurch daß der Staat jedoch eine Vielzahl von Funktionen jedem Wirtschaftssubjekt gegenüber erbringt, ist ohne Zweifel eine generelle Gegenleistung des Staates gegeben.
— Die *Gebühren* sind staatlicherseits festgelegte Abgaben, die dann erhoben werden, wenn bestimmte öffentliche Leistungen in Anspruch genommen werden. Dazu gehören etwa Verwaltungsgebühren (z.B. Gebühren für Amtshandlungen und für Grundbucheinträge) und Benutzungsgebühren wie etwa Müllabfuhr und Wegegebühren. Gebühren sind insbesondere eine wichtige Einnahmequelle für die Kommunen, bei denen sie an den Gesamteinnahmen einen Anteil von rund 20 % ausmachen.
— Die *Beiträge* sind Zwangsabgaben an die öffentliche Hand, welche die Wirtschaftssubjekte für ihnen zugerechnete staatliche Leistungen aufzubringen haben. Im Unterschied zu den Gebühren ist die Pflicht zur Bezahlung der Beiträge bereits dann vorhanden, wenn die zur Verfügungstellung der Leistung erfolgt, gleichgültig ob der Bürger diese Leistung wünscht oder nicht wünscht, wie dies beispielsweise bei Straßenanliegerbeiträgen der Fall sein kann. Diese Beiträge haben in der kommunalen Einnahmenpolitik eine große Bedeutung.
— Die *Erwerbseinkünfte* sind staatliche Einnahmen aus einer erwerbswirtschaftlichen Tätigkeit, bei der sich die öffentliche Hand in unterschiedlichster Weise am Marktprozeß in der Volkswirtschaft beteiligen kann. Dies kann dadurch geschehen, daß Bund, Länder oder Gemeinden, Eigentümer oder Miteigentümer an Unternehmen sind und die entsprechenden Gewinne den öffentlichen Haushalten zufließen. Es ist aber auch möglich, daß staatliches Grundvermögen vermietet, verpachtet oder verkauft wird und sich daraus entsprechende Einnahmen für den Haushalt ergeben, die dann für öffentliche Ausgaben eingesetzt werden können. Die Erwerbseinkünfte des Staates sind auf kommunaler Ebene am größten; sie liegen aber auch hier deutlich unter 10 %, so daß die Einnahmen aus Erwerbsaktivitäten der Gebietskörperschaften keine große Bedeutung haben.
— Der *Bundesbankgewinn,* welcher sich aus Devisenkursgewinnen und Zinserträgen ergibt, bildet — nach Bedienung entsprechender Rücklagen — eine teilweise beachtliche Einnahme des Bundes. Er ist allerdings insofern eine unsichere Finanzierungsquelle, da im Bundeshaushalt eben nur dann die entsprechenden Mittel zugeführt werden können, wenn die Bundesbank auch einen Reingewinn erzielt. Letztlich sind auch vom *Staat aufgenommene Kredite* als Einnahmen in den öffentlichen Haushalten vorhanden.

(2) Die *Steuern* sind nicht nur die wichtigste staatliche Einnahmequelle, sondern sie eignen sich in besonderem Maße zur Realisierung gesamtwirtschaftlicher Ziele. Von den rund 50 verschiedenen Steuerarten in der Bundesrepublik Deutschland sind die Einkommensteuer (inklusive Lohnsteuer), die Körperschaftssteuer und die Umsatzsteuer mit rund 70 % des gesamten staatlichen Steueraufkommens, die wichtigsten Steuerarten; ungefähr 50 % des Gesamt-

steueraufkommens der Gebietskörperschaften entfällt auf Einkommen- und Körperschaftsteuer, rund ein Viertel auf die Umsatzsteuer.
— Die *Klassifikation der Steuern* kann aufgrund der Vielfalt der Steuern nach verschiedensten Gesichtspunkten erfolgen. In dem jährlich vom Bundesfinanzminister vorgelegten Finanzbericht wird zwischen *Steuern auf das Einkommen und Vermögen* (Einkommensteuer, Körperschaftsteuer, Vermögensteuer, Gewerbeertragsteuer, Grundsteuer, Gewerbekapitalsteuer), *Steuern auf den Vermögensverkehr* (Erbschaft- und Schenkungssteuer, Grunderwerb-, Börsenumsatz- und Wechselsteuer) und *Steuern auf die Einkommensverwendung* (Umsatz-, Kfz.-, Mineralöl- und Versicherungssteuer) unterschieden. Die Differenzierung in *direkte und indirekte* Steuern wird nach dem Gesichtspunkt der Steuerüberwälzung vorgenommen. Direkte Steuern (Einkommen-, Körperschaft- und Lohnsteuer) können nicht auf die Verkaufspreise übergewälzt werden, während dies bei den indirekten Steuern (Umsatz-, Mineralöl-, Kfz-Steuer bei den Unternehmen u.a.) möglich ist. Die bei den Unternehmen erhobenen indirekten Steuern werden bei diesen vor Feststellung des steuerpflichtigen Gewinnes von den Erlösen abgezogen. Die direkten Steuern werden demgegenüber in erster Linie von den Haushalten erhoben — Ausnahme bildet die Körperschaftssteuer, die auf den Gewinn bezogen ist, den Unternehmen, die öffentlich-rechtliche oder private Körperschaften darstellen, erwirtschaften — und reduzieren das Einkommen der Besteuerten.
— Die *Steuerquote* ist das Verhältnis des Steueraufkommens zu einer bestimmten gesamtwirtschaftlichen Größe, etwa dem Bruttosozialprodukt, dem Volkseinkommen oder dem Produktionspotential. Neben dieser gesamtwirtschaftlichen Steuerquote kann aber auch eine individuelle Steuerquote berechnet werden, in der die Relation der von einem einzelnen Wirtschaftssubjekt zu zahlenden Steuern an seinem Bruttoeinkommen festgestellt wird. Mit der Steuerquote soll die Belastung der gesamten Volkswirtschaft oder der Individuen durch die Steuern erkannt werden, die gesamtwirtschaftliche Steuerquote liegt in bezug auf das Bruttosozialprodukt gegenwärtig deutlich über 20 %, wobei bei Berücksichtigung der Sozialabgaben — also der Anteil der Steuern und der Sozialabgaben am Sozialprodukt — auf über 40 % kommt.
(3) Bei den *Steuerwirkungen* geht es darum, welche Einflüsse Steueränderungen, etwa eine Steuererhöhung oder Steuersenkung, auf gesamtwirtschaftliche Daten und Größen haben. Da die Einkommen-, Körperschafts- und Umsatzsteuer mehr als drei Viertel des gesamten Steueraufkommens ausmachen und diese Steuern von besonders nachhaltiger Wirkung auf die Wirtschaftssubjekte sind, sind deren Wirkungen in der Praxis natürlich von besonderer Wichtigkeit. Im einzelnen können folgende Wirkungen auf Steueränderungen festgestellt werden:
— Die *Markt- und Preissituation* kann durch Steueränderungen in verschiedener Weise beeinflußt werden. Die *Unternehmen* können den Versuch unternehmen, die erhöhten Steuern auf andere Wirtschaftssubjekte zu übertragen:

Eine Steuervorüberwälzung würde bedeuten, daß die erhöhten Steuern in Preiserhöhungen an die Nachfrager zu übertragen versucht werden. Diese Verhaltensweise ergibt sich normalerweise bei den Verbrauchssteuern, etwa der Mehrwert- oder Mineralölsteuer. Es ist aber auch eine Steuerrücküberwälzung in dem Sinne denkbar, daß die Unternehmen versuchen, ihre Einkaufspreise bei den Lieferanten zu drücken. Eine derartige Verhaltensweise könnte bei den privaten *Haushalten* in der Weise zustande kommen, daß sie ebenfalls beim Einkauf von Verbrauchsgütern den Versuch unternehmen, die Einkaufspreise für ihre Verbrauchsgüter in den Kaufverhandlungen zu reduzieren. Die Haushalte können sich jedoch auch an die veränderten Steuern in der Weise anpassen, daß sie eine quantitative bzw. qualitative Veränderung des Konsums bei über Steuern verteuerte Güter vornehmen. Es ist auch denkbar, daß durch höhere Steuern, insbesondere indirekte Steuern, sich generell eine Erhöhung des Güterpreisniveaus in der Volkswirtschaft ergibt. Dies ist beispielsweise möglich, wenn bei Heraufsetzung des Mehrwertsteuersatzes bzw. der Mineralölsteuer, die Unternehmen eine Steuerüberwälzung vornehmen und damit ein negativer Einfluß auf das gesamtwirtschaftliche Preisniveau resultiert.

— Der Einfluß auf die *Einkommenssituation der Wirtschaftssubjekte* ergibt sich bei Steuersatzveränderungen vor allem auf Investitionen, den Konsum und die Ersparnis. Bei Steuererhöhungen und bei der nicht gegebenen Möglichkeit einer Steuerüberwälzung, werden aufgrund der geschrumpften Gewinne, die Unternehmen nicht in der Lage sein, geplante Investitionen zu realisieren. Bei den Haushalten wird sich durch die Abschöpfung von Kaufkraft über die Erhöhung der Einkommen- bzw. Mehrwertsteuer, eine Reduzierung des Konsums bzw. eine Senkung der Spartätigkeit einstellen. Es ist aber auch denkbar, daß jene Wirtschaftssubjekte, die einer erhöhten Steuerbelastung nicht ausweichen können, versuchen, durch eine größere Aktivität im Wirtschaftsleben die Einkommenseinbußen wieder auszugleichen. Beim Arbeitnehmer könnte dies in einem verstärkten Arbeitseinsatz, beim Unternehmen in einem zusätzlichen Leistungsangebot — Erweiterung des Sortiments oder Verbesserung der Produktqualität — liegen. Wird die Steuerbelastung allerdings zu hoch, dann besteht die Gefahr, daß die Leistungsbereitschaft von Unternehmen und Arbeitnehmern zurückgeht.

Durch diese Steuerwirkungen können sich über die Veränderung der Markt- und Preisverhältnisse sowie der Einkommenssituation, bei Haushalten und Unternehmen expansive und kontraktive Einflüsse auf die Entwicklung des Sozialprodukts einstellen.

cc) Budgetpolitik

(1) Der *öffentliche Haushalt* bzw. das *Budget* kann isoliert von Staatseinnahmen und -ausgaben betrachtet als gesondertes Instrument der Finanzpolitik einge-

stuft werden. Entsprechend dem Ausmaß seiner Veränderung gegenüber dem Vorjahr und aufgrund seiner Einnahmen- und Ausgabenstruktur (Finanzierung der Einnahmen über Kredite, hoher Anteil der Personalausgaben u.a.) können sich expansive oder kontraktive Auswirkungen auf die gesamte Volkswirtschaft ergeben.

(2) Der *konjunkturgerechte Haushalt* ist nach dem Stabilitäts- und Wachstumsgesetz seit 1967 den staatlichen Instanzen in der Bundesrepublik in ihrer Haushaltsführung in dem Sinne vorgeschrieben, daß sie in ihrer Finanzpolitik das gesamtwirtschaftliche Gleichgewicht beachten müssen. Dies bedeutet, daß die öffentliche Hand genötigt ist, Kredite aufzunehmen, um Störungen im gesamtwirtschaftlichen Gleichgewicht zu verhindern.

dd) Politik der öffentlichen Verschuldung

Die öffentliche Verschuldung, also die Aufnahme, Verzinsung und Tilgung öffentlicher Kredite, schlägt sich selbstverständlich auch in den Einnahmen und Ausgaben des Staates nieder. Aufgrund der spezifischen Behandlung im Haushalt sowie der besonderen Effekte in vielen Bereichen des gesamtwirtschaftlichen Geschehens, kann die staatliche Verschuldung als eigenständiges Instrument der Finanzpolitik eingestuft werden.

(1) Unter *öffentlicher Verschuldung bzw. Staatsverschuldung* versteht man die Nettokreditaufnahme von Bund, Ländern, Gemeinden und Landkreisen, wo durch die finanziellen Ansprüche des privaten und des öffentlichen Sektors damit dessen Schuldenstand erhöht wird. Diese staatliche Kreditaufnahme bedeutet haushaltstechnisch eine Staatseinnahme, weil der Kredit — der zu verzinsen ist — erst zu einem späteren Zeitpunkt an die Gläubiger zurückbezahlt werden muß.

(2) Die *Entwicklung der öffentlichen Verschuldung* ist in allen westlichen Industriestaaten durch eine starke Expansion gekennzeichnet. Der Grund dafür ist die Tatsache, daß die vom Staat zu finanzierenden öffentlichen Leistungen stärker gestiegen sind als die vor allem aus Steuern zu finanzierenden Einnahmen. Die geradezu explosiv angestiegene Verschuldung in der ,,früheren'' Bundesrepublik Deutschland, zeigt die Tabelle 2.

Es ist jedoch nicht nur der staatliche Schuldenstand nachhaltig gewachsen, sondern auch die Zinsausgaben und die Zinslastquote; die Zinsausgaben stiegen im Zeitraum 1970—1989 von 6,6 auf 60,7 Milliarden DM an, während die Zinslastquote an sämtlichen Haushalten der Gebietskörperschaften sich von 2,9 % auf 8,3 % erhöhte.

(3) Die *Formen der öffentlichen Verschuldung* haben grundsätzlich eine zweifache Ausrichtung: Zum einen ist eine staatliche Kreditmarktverschuldung und zum anderen eine Geldschöpfungsfinanzierung möglich. Durch die Geldschöpfung über die Zentralnotenbank wird aufgrund der staatlichen Geldschöpfungsmöglichkeit neues Geld geschaffen; die historische Erfahrung zeigt, daß diese

Tabelle 2: Entwicklung der Staatsschulden in der Bundesrepublik Deutschland (in Mrd. DM)

Jahr	Gebietskörper-schaften insgesamt	Bund	Länder		Gemeinden	
			West	Ost	West	Ost
1972	156,1	63,1	37,0	-	56,0	
1982	614,8	314,3	190,6	-	109,9	
1990	962,3	515,1	314,4		112,1	
1992*	1.349,0	611,0	367,5	19,5	144,0	13,0

* enthalten sind: ERP-Sondervermögen 24,5 Mrd. DM
  Fonds "Deutsche Einheit" 74,5 Mrd. DM

Quelle: Monatsberichte der Deutschen Bundesbank

Art der Staatsverschuldung zu erheblichen gesamtwirtschaftlichen Problemen führen kann. Die zweite grundlegende Form der Staatsverschuldung besteht in den vielfältigen Formen der Aufnahme öffentlicher Kredite, wobei der Staat am Kapitalmarkt im Wettbewerb zu den privaten Kreditnachfragern tritt. Die wichtigsten Formen der Staatsverschuldung sind:
— Bei der Verschuldung am *Geldmarkt* werden Schatzwechsel und unverzinsliche Schatzanweisungen bei den Geschäftsbanken untergebracht.
— Die Verschuldung in Form von *festverzinslichen Wertpapieren* erfolgt in der Weise, daß Kassenobligationen, Anleihen und Bundesschatzbriefe ausgegeben werden.
— In hohem Maße werden *Direktkredite der Geschäftsbanken* und *Darlehen von Kapitalsammelstellen* an die öffentlichen Haushalte gewährt.
— Die *Buchkredite* der Deutschen Bundesbank, die täglich fällig sind, spielen in der längerfristigen Staatsverschuldung keine Rolle. Grundsätzlich ist dem Staat der direkte Zugang zum Notenbankkredit verwehrt; die Bundesbank kann jedoch im Rahmen der Offen-Markt-Politik Staatspapiere aufkaufen und somit der Öffentlichen Hand Kredite einräumen.

Die Gläubiger der Staatsverschuldung sind in erster Linie die Geschäftsbanken; in geringerem Umfange aber auch private und öffentliche Kapitalsammelstellen (Privatversicherungen), vor allem jedoch die Privathaushalte, die in beachtlichem Umfange Bundesanleihen gekauft haben.

(4) Die *Auswirkungen der Staatsverschuldung* auf das gesamtwirtschaftliche Geschehen sind vielfältig und werden auch in der Öffentlichkeit demokratischer Länder sehr unterschiedlich eingestuft.
— Ein *Verdrängungseffekt privater Investitionen* kann sich daraus ergeben, daß die Öffentliche Hand am Kapitalmarkt Kredit nachfragt, der dann zur Finanzierung der Privatnachfrage, insbesondere der Investitionen, nicht mehr vorhanden oder zu teuer geworden ist.
— Es kann über die Staatsverschuldung zu einer *negativen personellen Einkommensverteilung* kommen, wenn die Bevölkerungsschichten mit höherem Einkommen, die in der Lage sind, dem Staat Kredite zu hohen Zinsen zu gewähren, diese letztlich von den Bevölkerungsschichten mit niedrigeren Einkommen bezahlt bekommen.
— Die grundsätzlich positiv zu bewertende *Lastverschiebungsfunktion* der Staatsverschuldung bedeutet, daß eine gleichmäßigere Verteilung von Lasten und Nutzen über Generationen hinweg bei längerfristig wirkenden öffentlichen Investitionen — Straßenbau, Errichtung von Hochschulen und Krankenhäusern u.a. — erreicht werden kann. Die Finanzlasten sollten nicht nur von jener Generation aufgebracht werden, die zum gegenwärtigen Zeitpunkt diese öffentlichen Investitionen vornimmt. Problematisch wird die Situation allerdings, wenn bei zu hoher Staatsverschuldung bereits in der Gegenwart die zukünftigen Generationen zu stark belastet werden.
— Eine *Beeinträchtigung der Geldwertstabilität* könnte dazu führen, wenn auf-

grund der starken staatlichen Kreditnachfrage eine Geldschöpfung durchgeführt bzw. über die gestiegenen Kreditkosten eine allgemeine Preiserhöhung herbeigeführt wird.
— Eine *hohe Flexibilität der Staatsfinanzierung* ist durch die Aufnahme öffentlicher Kredite, insbesondere bei vorübergehenden staatlichen Mehrausgaben, sehr viel leichter möglich, als durch die Erschließung anderer staatlicher Einnahmequellen. Problematisch wird die Haushaltssituation dann jedoch, wenn die Staatsverschuldung bereits einen relativ hohen Anteil am Gesamthaushalt erreicht hat, so daß bei neuauftretenden Problemen und Chancen keine weitere öffentliche Verschuldung durchgeführt werden kann. Dabei ist zu berücksichtigen, daß in der Bundesrepublik Deutschland nach dem Grundgesetz die Festlegung getroffen ist, daß die Nettokreditaufnahme des Bundes pro Jahr die Summe der im Haushaltsplan festgelegten Ausgaben für Investitionen nicht überschreiten darf.

(5) Ein *Staatsbankrott,* der in der praktischen Wirtschaftspolitik bei zu starker öffentlicher Verschuldung häufig beschworen wird, wäre dann vorhanden, wenn der Staat nicht mehr voll oder überhaupt nicht mehr in der Lage ist, die Zinsen an die Gläubiger, von denen er die Kredite aufgenommen hat, zu bezahlen oder wenn er nicht mehr die Fähigkeit besitzt, die aufgenommenen Kredite im Sinne der Tilgung zurückzuzahlen. Die Situation des Staatsbankrottes wäre selbst dann gegeben, wenn von Seiten der Öffentlichen Hand die Zinshöhe einseitig reduziert und die Tilgungszahlungen zeitlich hinausgeschoben würden. Trotz relativ hoher Staatsverschuldung hat sich in den letzten Jahrzehnten in den westlichen Ländern diese Situation nirgendwo ergeben; anders sieht es allerdings bei einigen Entwicklungsländern aus, bei denen der Staatsbankrott bislang stets mit Umschuldungsabkommen abgewehrt werden konnte.

ee) Fiskalpolitische Instrumente im Stabilitätsgesetz

Das Gesetz zur ,,Förderung der Stabilität und des Wachstums der Wirtschaft'' vom 08.06.1967, abgekürzt Stabilitätsgesetz genannt, überträgt dem Bund und den Ländern die Pflicht, im Rahmen einer marktwirtschaftlichen Ordnung vor allem durch fiskalpolitische Maßnahmen eine *antizyklische Stabilitätspolitik* herbeizuführen, um das gesamtwirtschaftliche Gleichgewicht (Vgl. S. 52) zu gewährleisten bzw. wiederherzustellen. Durch das StabG wurde eine Reihe von wichtigen Informations- und Koordinationsinstrumenten, wie z.B. der Jahreswirtschaftsbericht, einschließlich der Zielprojektionen und Stellungnahmen zu den Jahresgutachten des Sachverständigenrates, eine mittelfristige Finanzplanung, der Subventionsbericht u.a., eingeführt. Zu den wichtigsten Elementen des Gesetzes gehören jedoch die *fiskalpolitischen Steuerungsinstrumente.*
(1) Als *Instrumente mit expansiven Wirkungen,* d.h. vor allem die gesamtwirtschaftliche Nachfrage anregenden Impulsen, können genannt werden: Herabsetzung des Einkommensteuer- und Kirchensteuersatzes um bis zu 10 % für

längstens 1 Jahr, die Einführung eines Investitionsbonus (Abzugmöglichkeit von der Einkommensteuerschuld bis zu 7,5 % der Anschaffungs- oder Herstellungskosten), nachträgliche Anpassung der Steuervorauszahlungen bei der Einkommen-, Kirchen- und Gewerbesteuer nach unten, Beschleunigung der Planung und Vergabe geeigneter Investitionsvorhaben, zusätzliche Ausgaben der öffentlichen Hand und Entnahme von Finanzmitteln zur Nachfragesteigerung aus der Konjunkturausgleichsrücklage.

(3) Die *Instrumente mit kontraktiven Wirkungen,* die also die Gesamtnachfrage der Volkswirtschaft reduzieren und eindämmen, sind vor allem: Streckung von öffentlichen Baumaßnahmen und Stillegung der freiwerdenden Gelder, Beschränkung der Kreditaufnahmemöglichkeiten der Öffentlichen Hand, nachträgliche Anpassung der Steuervorauszahlungen nach oben, Beschränkung der Abschreibungsmöglichkeiten, gänzlicher oder partieller Wegfall von Sonderabschreibungen, erhöhter oder degressiver Abschreibungen und Heraufsetzung des Einkommen- und Kirchensteuersatzes um höchstens 10 % für längstens 1 Jahr.

(4) Diese *nachfrageorierte Wirtschaftspolitik* — die vor allem auf den bedeutendsten britischen Nationalökonom der Neuzeit, John M. Keynes (1883—1946) zurückgeht, hat heute jedoch wesentlich an Bedeutung eingebüßt. Das StabG hat sicherlich die ursprünglich angenommene Bedeutung eines „wirtschaftsprozeßpolitischen Grundgesetzes" für die Bundesrepublik Deutschland in keiner Weise erreicht, da eine Vielzahl wichtiger stabilitätspolitischer Maßnahmen außerhalb des StabG durchgeführt wurden. Die Vorstellung, daß man bei zu geringer volkswirtschaftspolitischer Gesamtnachfrage durch fiskalpolitische Instrumente diese ausdehnen und bei zu hoher Gesamtnachfrage eine entsprechende Reduzierung vornehmen könne, hat sich nicht bestätigt. So hat sich insbesondere gezeigt, daß trotz steigender öffentlicher Verschuldung die Wachstums- und Beschäftigungsprobleme wichtiger westlicher Industrieländer nicht beseitigt wurden, sondern sich sogar noch verschärft haben. Problematisch bei dieser Politik der *globalen Wirtschaftssteuerung* ist vor allem, daß bei festen Wechselkursen und freiem Währungsaustausch die Auslandsnachfrage durch nationale Instrumente nicht kontrolliert werden kann, eine von der Angebotsseite herrührende Inflation mit den Instrumenten der Nachfrage ausgerichteten Globalsteuerung nicht zu bekämpfen ist und letztlich keine Berücksichtigung regionaler und sektoral differenzierter Konjunkturverläufe und Anpassungsprobleme vorgenommen werden kann.

(5) Die *angebotsorientierte Wirtschaftspolitik* kann als eine Reaktion auf das wirtschaftspolitische Konzept der Nachfragesteuerung durch die Instrumente der Geld-, insbesondere aber der Fiskalpolitik angesehen werden. Nach diesem in den USA entwickelten und dort seit Anfang der 1980er Jahre angewandten wirtschaftspolitischen Konzept (supply-side-economics), das aber auch seit Jahren vom Sachverständigenrat vertreten wird, soll der Staat sowenig wie möglich zur Steuerung des Wirtschaftsgeschehens intervenieren, sondern seine Auf-

gabe primär darin sehen, die Haushalte und Unternehmen in ausreichender Weise mit öffentlichen Gütern zu versorgen. Ansonsten besteht seine Hauptfunktion darin, für die Volkswirtschaft günstige Rahmenbedingungen für die unternehmerische Tätigkeit zu schaffen. Im einzelnen sollte eine Wirtschaftspolitik nach den folgenden Prinzipien betrieben werden:
— Die Angebotsseite ist der Ansatzpunkt der Volkswirtschaftspolitik, wobei es vor allem darum geht, zu einer Verbesserung der Produktionsbedingungen und einer Steigerung der unternehmerischen Flexibilität in einer Volkswirtschaft zu kommen. Dies ist möglich durch die Verwirklichung von Leistungsanreizen im Sinne der Senkung der Einkommen- und Lohnsteuer, Stärkung der privaten Investitionen, geringere Lohnsteigerungen als in der Vergangenheit u.a..
— Beseitigung gesetzlicher und verwaltungsbedingter Investitions- und Produktionshemmnissen (Verkürzung von Genehmigungsverfahren, Reduzierung der Zahl der staatlichen Eingriffe in das Wirtschaftsgeschehen, Beseitigung leistungsfeindlicher Besteuerung).
— Erhöhung der Wirksamkeit des Markt- und Preismechanismus, wobei von dem Grundsatz ausgegangen wird, daß sich ein zusätzliches Angebot auch eine zusätzliche Nachfrage schaffen wird, so daß Maßnahmen einer staatlich gelenkten Nachfragesteuerung überflüssig sind; in diesem Zusammenhang ergibt sich auch eine starke Betonung der Ordnungspolitik, insbesondere zur Verhinderung einseitiger Marktmacht.
— In arbeitsmarktpolitischer Hinsicht sollte es zu einem Abbau der Beschränkungen der beruflichen und regionalen Mobilität der Arbeitnehmer und zu einer stärkeren leistungsbezogeneren Lohndifferenzierung kommen.
— Die Finanzpolitik ist durch die Forderung der Senkung der Lohn- und Einkommensteuer zur Schaffung von Leistungsanreizen und durch Kürzungen der staatlichen Ausgaben, gekennzeichnet; beide wirtschaftspolitischen Instrumente wurden in den USA mit Amtsantritt von Präsident Reagan in deutlicher Weise vollzogen.
— In der Geldpolitik ist die Geldmenge ein zentraler Aktionsparameter; sie soll höchstens in dem Umfange erhöht werden, wie sich auch das gesamtwirtschaftliche Produktionspotential erweitert.

Mit der angebotsorientierten Wirtschaftspolitik soll eine Abkehr von der nachfrageorientierten Globalsteuerung und eine verstärkte Hinwendung der volkswirtschaftspolitischen Überlegungen zu marktwirtschaftlichen Grundsätzen erfolgen. In der Praxis kann allerdings beobachtet werden, daß bei konkreten wirtschaftspolitischen Maßnahmen und Forderungen sich Überschneidungen der angebots- und nachfrageorientierten Volkswirtschaftspolitik in vielerlei Hinsicht ergeben.

3.3. Beurteilung volkswirtschaftspolitischer Instrumente und Maßnahmen

Die Entscheidungsträger der Volkswirtschaftspolitik haben darüber zu befinden, welche Einzelinstrumente bzw. welche Instrumentenkombinationen eingesetzt werden sollen, um die vorgegebenen Zielsetzungen zu erreichen. Dabei ist vor allem von Bedeutung, welche Auswirkungen die Instrumente auf die angestrebten Zielsachverhalte — aber auch auf andere Zielgrößen — haben und welcher Einfluß von den Instrumenten auf die Ordnung der Volkswirtschaft ausgeht.

a) Zielkonformität volkswirtschaftspolitischer Instrumente und Maßnahmen

Für die praktische Volkswirtschaftspolitik ist es von besonderem Interesse, wie sich die Instrumente zur Zielverwirklichung eignen. Es ist selbstverständlich, daß die volkswirtschaftspolitischen Träger versuchen, durch den Instrumenteneinsatz bei der Beeinflussung des jeweiligen Zielsachverhaltes einen optimalen Erfolg zu erlangen. Dazu wird der Beziehungs- und Wirkungszusammenhang zwischen dem Ziel und den Instrumenten überprüft, wobei eine Unterscheidung zwischen der potentiellen und faktischen Zielkonformität vorgenommen werden kann (vgl. Schaubild 11).

aa) Potentielle Zielkonformität

Bei der potentiellen Zielkonformität wird analysiert, ob einzelne Instrumente oder eine Gruppe von Instrumenten überhaupt geeignet sind, um angestrebte Ziele herbeiführen zu können. Es handelt sich hier also um die prinzipielle Fragestellung einer möglichen Eignung von Instrumenten zur Realisierung der Ziele. So wird etwa erforscht, ob die Verwirklichung eines Außenwirtschaftlichen Gleichgewichtes die ,,Aufwertung der Inlandswährung'' oder die ,,Devisenkontrolle'', zur Erreichung einer Vollbeschäftigung die Gewährung einer ,,Investitionsprämie'' an die Unternehmen oder eine weitere Senkung des ,,Mindestreservesatzes'' adäquate wirtschaftspolitische Mittel sind. Dabei ist im weiteren darauf zu achten, welche Auswirkungen das vorgesehene Instrument oder Instrumentarium auf das Gesamtzielsystem hat (Berücksichtigung von Haupt- und Nebenwirkungen sowie von Nah- und Fernwirkungen), ob ein bestimmtes Ziel am besten durch die Verwendung eines Instrumentes oder einer Instrumentenkombination erreicht werden kann bzw. wie im letztgenannten Falle die optimale Kombination der Instrumente (die sich bei ihrem Einsatz gegenseitig verstärken oder abschwächen können) aussieht.

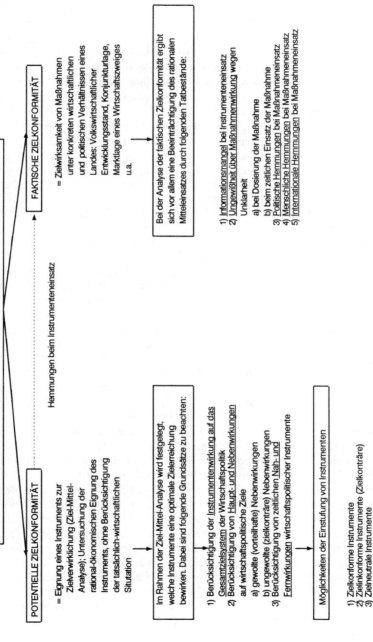

Schaubild 11: Zielkonformität in der Volkswirtschaftspolitik

bb) Faktische Zielkonformität

Im Rahmen der faktischen Zielkonformität wird die Zieleignung von Instrumenten bzw. Maßnahmen in einer konkreten wirtschaftspolitischen Entscheidungssituation festzustellen versucht. Es geht hierbei nicht nur darum, die grundsätzliche Eignung von Instrumenten — die Wirkungsrichtung und den potentiellen Wirkungsgrad — abzuklären, sondern den Instrumenteneinsatz unter der Bedingung der tatsächlichen ökonomischen und politischen Situation in einem Lande zu untersuchen. Dabei stehen häufig zunächst als optimal für die Zielerreichung eingestuften Instrumenten bei ihrem Einsatz in der Wirtschaftspraxis beträchtliche *politische Hemmungen* entgegen (Instrumente sind bei der breiten Masse der Bevölkerung unpopulär, z.B. Preis- und Lohnstopp, Steuererhöhungen zur Eindämmung der privaten Nachfrage werden nicht vorgenommen, weil Parlamentswahlen anstehen; eine Aufwertung zur Reduzierung eines außenwirtschaftlichen Überschusses wird nicht durchgeführt, weil auf andere Staaten politisch Rücksicht genommen wird u.a.) oder es zeigen sich *nicht erwartete Reaktionen* bei den von den Instrumenten tangierten Wirtschaftssubjekten (Senkung des Diskontsatzes und Verbilligung der Kredite bzw. Steuervergünstigungen für Investitionen bewirken keine verstärkte Investitionstätigkeit, weil die Unternehmer eine pessimistische Grundhaltung bezüglich der weiteren Wirtschaftsentwicklung einnehmen). Weiterhin ist es für die faktische Zieleignung eines Instrumentes von entscheidender Bedeutung, auf welchen Ursachen ein *Wirtschaftsproblem* gründet. Die richtige Ursachenanalyse ist eine wesentliche Voraussetzung für den Erfolg des Instruments (Arbeitslosigkeit kann sich etwa durch den starken Rückgang der Exporte ergeben; es wäre nun falsch, die Unterbeschäftigung in größerem Umfange mit ,,Finanzhilfen der öffentlichen Hand zur Förderung der Investitionen'' beseitigen zu wollen). Aufgrund unzutreffender Ursachenanalysen werden dann falsche Instrumente eingesetzt, die zu keiner Zielannäherung führen, sondern neue Probleme schaffen. Wegen der hohen *Kosten eines Instrumentes* (umfassende Verwaltungsaufwendungen, hohe Subventionszahlungen oder Steuerausfälle) muß bisweilen von einem Einsatz Abstand genommen werden, obwohl es sachlich bestens geeignet wäre, einen erwünschten Zieleffekt herbeizuführen. Die *mangelnde Transparenz* über das Wirtschaftsgeschehen bewirkt, daß ein an sich richtiges Instrument zur Verwirklichung eines bestimmten Zieles zu einem falschen Zeitpunkt (zu spät oder zu früh), in einer falschen Dosierung (zu viel oder zu wenig bzw. zu hoch oder zu niedrig) oder mit falscher Dauer (zu kurz oder zu lange) eingesetzt und dadurch das angestrebte Ziel nicht erreicht wird. Auch der *politische Widerstand im demokratischen Entscheidungsprozeß* gegen den Einsatz eines Instrumentes (z.B. Erhöhung der Mehrwertsteuer), der eine langwierige Auseinandersetzung innerhalb der Staatsorgane (Bundesregierung, Bundesrat, Bundestag) erwarten läßt, kann dazu beitragen, daß zur Beseitigung eines ökonomischen Problems (zu großes Haushaltsdefizit) auf andere Instrumente (Haushaltseinsparungen) zurückgegriffen wird.

b) Ordnungskonformität volkswirtschaftspolitischer Instrumente bzw. Maßnahmen

Der Begriff der Ordnungskonformität kennzeichnet den Tatbestand, inwieweit die Instrumente der Volkswirtschaftspolitik der in einem Lande vorhandenen konkreten (realen) Wirtschaftsordnung entsprechen. Für die Bundesrepublik Deutschland handelt es sich dabei um die Marktwirtschaft. Die *Ordnungs- oder Systemkonformitätsgrade* (E. Tuchtfeld, Zur Frage der Systemkonformität wirtschaftspolitischer Maßnahmen, In: Zur Grundlegung wirtschaftspolitischer Konzeptionen, 1960) kennzeichnen demnach das Ausmaß der Übereinstimmung der wirtschaftspolitischen Instrumente mit den Strukturelementen und der Funktionsweise der gelenkten Marktwirtschaft bzw. der Sozialen Marktwirtschaft (vgl. Schaubild 12).

(1) Die *ordnungskonformen Instrumente* führen zur Begründung, zur Verbesserung, zumindest aber zu einer Sicherung der bestehenden marktwirtschaftlichen Ordnung (z.B. Instrumente zur Verbesserung der Marktzulassung und der Regelung der Funktionsfähigkeit des Marktes; Existenzgründungsprogramme, Instrumente der Erhöhung der regionalen und beruflichen Mobilität der Arbeitnehmer u.a.).

(2) Die *ordnungsinkonformen Instrumente* bedingen eine Verschlechterung, im Extremfall eine totale Veränderung einer vorhandenen Wirtschaftsordnung. Bei der gelenkten bzw. Sozialen Marktwirtschaft kann dies dadurch geschehen, daß zum einen eine Beeinträchtigung des marktwirtschaftlichen Lenkungsmechanismus erfolgt (Festpreise, Preis- und Lohnstopp, Außenhandelskontingente, Investitionslenkung), zum anderen an die Stelle des Marktes eine weitgehende Gesamtplanung des Wirtschaftsgeschehens tritt oder eine Verstaatlichung des privaten Produktivvermögens vorgenommen wird.

(3) Die *ordnungsneutralen Instrumente* beeinflussen die vorhandene Wirtschaftsordnung weder positiv noch negativ (Instrumente der Makroablaufpolitik, strukturpolitische Instrumente, wie z.B. Verbesserung der beruflichen Ausbildung). Diese Feststellung von Konformitätsgraden ist jedoch in der praktischen Volkswirtschaftspolitik deswegen mit einer Reihe von Problemen verbunden, weil verschiedene volkswirtschaftspolitisch bedeutsame Faktoren nicht oder nicht ausreichend berücksichtigt werden. So führt die Nichtberücksichtigung der *Einsatzstärke, Einsatzdauer und Anwendungssituation* von Instrumenten u.U. zu deren ordnungspolitischen Fehleinstufung. So kann ein an sich ordnungskonformes Instrument durch Überdosierung oder zu langen Einsatz zu einer der bestehenden Wirtschaftsordnung nicht mehr angemessenen staatlichen Intervention führen. Auch bleiben die *Ziele der Volkswirtschaftspolitik* bei der Feststellung der Konformitätsgrade der Instrumente außer Betracht, da lediglich eine Ausrichtung an den Prinzipien der entsprechenden Wirtschaftsordnung erfolgt. Dies stellt jedoch eine sehr enge Beurteilungsbasis für die Zweckmäßigkeit eines Instrumentes dar.

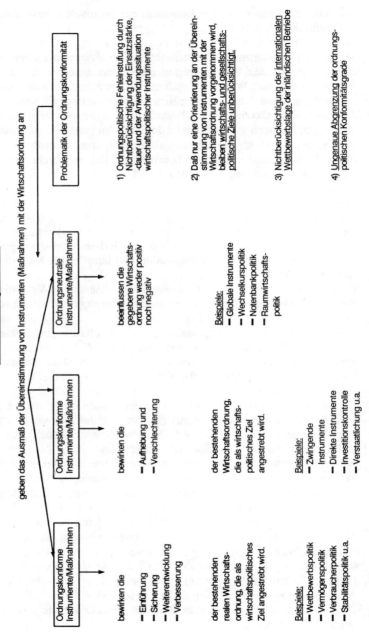

Schaubild 12: Ordnungskonformität in der Volkswirtschaftspolitik

Auch die *internationale Wirtschaftslage* der gesamten Volkswirtschaft oder einzelner Branchen wird bei der ordnungspolitischen Taxierung von Instrumenten bzw. Maßnahmen nicht berücksichtigt. So gibt es Instrumente, deren Einsatz nicht den Grundsätzen der vorhandenen oder angestrebten Wirtschaftsordnungen entspricht. Ihre Anwendung ist jedoch trotzdem wirtschaftspolitisch sinnvoll und notwendig, um etwa im Vergleich mit ausländischen Wettbewerbern den inländischen Unternehmen eine Wettbewerbsgleichheit zu sichern und Wettbewerbsverzerrungen zu verhindern. Es wäre allerdings falsch, aus diesen hier angeführten Problemen der Ordnungskonformität wirtschaftspolitscher Instrumente folgern zu wollen, daß deren ordnungspolitische Ausrichtung von keiner Bedeutung wäre. Entscheidend ist die Erkenntnis, daß sie nur ein Beurteilungsmerkmal neben anderen darstellt.

Fragen:

13. Wodurch unterscheiden sich volkswirtschaftspolitische Instrumente und Maßnahmen?
14. Weshalb ist das geldpolitische Instrument der ,,Mindestreservenpolitik'' grundsätzlich als effizienter einzustufen als die ,,Diskontsatzpolitik''?
15. Welche Wirkungen ergeben sich aus einer Aufwertung der Inlandswährung für die gesamte Volkswirtschaft?
16. Worin bestehen die Hauptprobleme der nachfrageorientierten Globalsteuerung durch die Fiskalpolitik?
17. Wie beurteilen Sie die These: ,,Staatsverschuldung ist immer problematisch''!
18. Weshalb ist es häufig schwirig, die Wirksamkeit volkswirtschaftspolitischer Instrumente im Hinblick auf die angestrebte Zielerreichung zu beurteilen?

4 Träger der Volkswirtschaftspolitik

Lernziele:

Nach dem Durchlesen dieses Abschnittes sollten Sie
a. wissen, wer in der Bundesrepublik Deutschland für die Volkswirtschaftspolitik zuständig ist,
b. die verschiedenartigen Einflüsse der Wirtschaftsverbände auf die volkswirtschaftspolitische Entscheidung erkannt haben,
c. insbesondere das Verhältnis zwischen Bundesregierung und Bundesbank als den wichtigsten Entscheidungsträgern der Volkswirtschaftspolitik verstanden haben und
d. den Ablauf der volkswirtschaftspolitischen Willensbildung erfaßt haben.

4.1. Wesen volkswirtschaftspolitischer Trägerschaft

a) Begriff des Trägers der Volkswirtschaftspolitik

Träger der Volkswirtschaftspolitik sind solche gesellschaftlichen Institutionen, die in der Lage sind, auf die Gestaltung gesamtwirtschaftlich bedeutsamer Situationen im Sinne einer Erhaltung oder Veränderung Einfluß zu nehmen. Diese Gestaltungsfähigkeit kommt insbesondere in zwei Merkmalen zum Ausdruck:
(1) Die Instanz muß *volkswirtschaftliche Aktivitäten* entwickeln können. Es muß ihr möglich sein, ihre Analysen und Absichten zu formulieren und einen Einfluß auf die volkswirtschaftspolitische Entscheidung in irgendeiner Form herbeizuführen. Diese Einflußnahme kann im Fällen und Durchsetzen unmittelbarer Beschlüsse (staatliche Volkswirtschaftspolitik), im Drängen auf ein bestimmtes Handeln (Volkswirtschaftspolitik der Wirtschaftsverbände), in der Mobilisierung der öffentlichen Meinung für eine bestimmte Idee der Volkswirtschaftspolitik der Organe von Massenmedien oder in der objektiven Beratung durch die Hilfsorgane der volkswirtschaftspolitischen Träger erfolgen (Sachverständigenrat).
(2) Die Instanz muß über *gesellschaftliche Macht* verfügen, damit sie ihre

volkswirtschaftspolitischen Vorstellungen auch durchsetzen bzw. verwirklichen kann. Die Art der Machtausübung ist dabei von zweitrangiger Bedeutung. Sie kann durch völkerrechtliche Verträge (EG-Organe), durch einen hoheitsrechtlichen Akt (Parlament, Regierung und Verwaltung) oder durch die Androhung bzw. Realisierung einer bestimmten Verhaltensweise (Wirtschaftsverbände erlassen Wahlaufrufe oder organisieren Demonstrationen) begründet werden.

(3) Nur beim *Vorhandensein beider Elemente der volkswirtschaftspolitischen Aktivität und der gesellschaftlichen Macht,* kann eine Institution als Träger der Volkswirtschaftspolitik eingestuft werden. So besitzen zwar die wissenschaftlichen Forschungsinstitute die Fähigkeit volkswirtschaftspolitische Aktivität zu entfalten, indem sie Situationsanalysen vornehmen und entsprechende Vorschläge zur Gestaltung der Volkswirtschaftspolitik unterbreiten. Sie können jedoch nicht in den Rang eines Trägers der Volkswirtschaftspolitik erhoben werden, weil sie nicht über die gesellschaftliche Macht verfügen, ihre Vorstellungen auch in praktische Wirtschaftspolitik umzusetzen. Die Kirchen und der Deutsche Fußballbund können sicherlich als Organisationen angesehen werden, die eine solche gesellschaftliche Macht haben. Ihre Hauptfunktion besteht aber sicherlich nicht darin, volkswirtschaftspolitische Aktivität zu entwickeln. Eine Institution wird auch dadurch noch nicht eine Instanz der Volkswirtschaftspolitik, wenn sie sporadisch zu Fragen der Gesellschafts- und Wirtschaftspolitik Stellung nimmt — wie dies sicherlich bei den Kirchen bisweilen der Fall ist.

b) Arten volkswirtschaftspolitischer Trägerschaft

In einer pluralistischen Gesellschaft mit demokratischer Regierungsform und einer dezentralen Steuerung der Wirtschaft durch eine Vielzahl von in ihrem Handeln freien Wirtschaftssubjekten (Produzenten, Verbraucher) gibt es verständlicherweise auch viele Institutionen, die in der Lage sind, Volkswirtschaftspolitik zu betreiben.

aa) Entscheidungsträger der Volkswirtschaftspolitik

Die Entscheidungsträger der Volkswirtschaftspolitik erhalten ihre formale Machtlegitimation vor allem aus den Staatsverfassungen (Bundestag, Bundesrat, Bundesregierung, Länderinstanzen, Deutsche Bundesbank), aus den Gesetzen über Selbstverwaltungsorganisationen der Wirtschaft (Kammern) und aus internationalen Verträgen zur Schaffung von supranationalen Institutionen.
(1) Aufgrund völkerrechtlicher Verträge können *supranationale Organisationen* geschaffen werden, die in der Lage sind, auch gegenüber den Mitgliedsstaaten und deren Wirtschaftssubjekten verbindliche volkswirtschaftspolitische Entscheidungen zu treffen und diese — notfalls mittels Gerichtsurteil — durchzusetzen. Die einzige supranationale Institution auf der Welt ist die *Europäische*

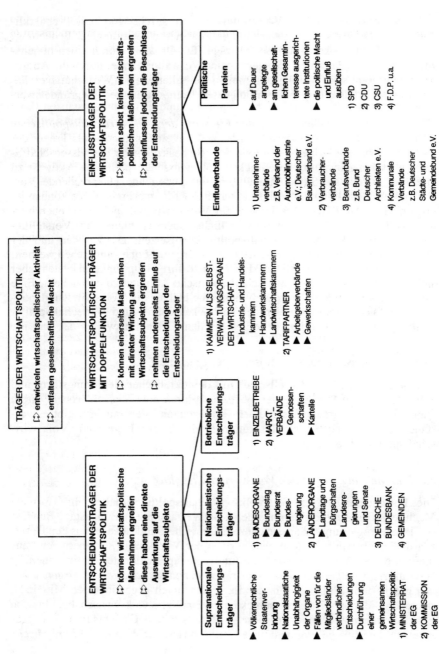

Schaubild 13: Träger der Wirtschaftspolitik.
Quelle: E. Mändle, Praktische Wirtschaftspolitik, Gabler Verlag, Wiesbaden 1977

Gemeinschaft, deren Entscheidungsorgane — Ministerrat, Kommission und Europäisches Parlament — die Möglichkeit haben, grundsätzlich gemeinsam in bestimmten Bereichen der Volkswirtschaftspolitik letztendlich Beschlüsse zu fassen.

(2) Im Grundgesetz der Bundesrepublik Deutschland ist festgelegt, welche Befugnisse den *nationalstaatlichen Entscheidungsträgern,* also den Bundesorganen (Bundestag, Bundesrat, Bundesregierung) und den Länderinstanzen (Landesregierungen, Landtage bzw. Senate), in der Volkswirtschaftspolitik zukommen. Innerhalb der Bundesregierung und der Landesregierungen wird durch eine Geschäftsordnung geregelt, welche volkswirtschaftspolitischen Kompetenzen die einzelnen Ministerien haben, die Hauptakteure sind dabei natürlich das jeweilige Wirtschafts- und Finanzministerium, aber auch in den Wohnungsbauministerien, den Innenministerien oder im Verkehrsministerium werden letztlich volkswirtschaftspolitische Entscheidungen herbeigeführt. Durch Bundesbankgesetz ist bestimmt, welche Stellung die Deutsche Bundesbank als Zentralbank besitzt und welche Funktionen sie ausüben kann. Auch die Gemeinden sind letztlich in der Lage, Entscheidungen in der Volkswirtschaftspolitik zu fällen, etwa durch den Ausweis von Bebauungsplänen, Infrastrukturmaßnahmen bzw. ihre Finanzpolitik.

(3) Die *Deutsche Bundesbank* wird als Organ der staatlichen Geld- und Kreditpolitik in der Weise aktiv, daß sie versucht, die gesamtwirtschaftlichen Daten (Gesamtnachfrage und -angebot von Gütern, Gesamtinvestitionen, Außenhandelsvolumen u.a.) zu beeinflussen. Die wichtigste Funktion der Zentralnotenbank ist selbstverständlich die Sicherung der Deutschen Mark und damit verbunden die Regelung des gesamten Geldwesens in der Bundesrepublik Deutschland. Da die Deutsche Bundesbank als Entscheidungsträger der Volkswirtschaftspolitik angesehen werden kann, ist auch ihre personelle Zusammensetzung und der Vorgang der Entscheidungsfindung von Bedeutung:

— Der *Zentralbankrat* ist das höchste Entscheidungsorgan der Deutschen Bundesbank, der die Verhaltensweise in der Geldpolitik festlegt und die Richtlinien für die Geschäftsführung und die Verwaltung der Notenbank aufstellt. Er setzt sich zusammen aus dem Präsidenten und dem Vizepräsidenten der Bundesbank, weiteren 7 Mitgliedern des Direktoriums und den Präsidenten der Landeszentralbanken. Ihm gehören gegenwärtig 20 Mitglieder an (9 Personen des Direktoriums und 11 Präsidenten der Landeszentralbanken), wobei aufgrund der Vereinigung Deutschlands demnächst eine Veränderung zu erwarten ist. Der Zentralbankrat ist ein kollegiales Gremium, das seine Entscheidungen mit einfacher Mehrheit fällt und zwar ohne Stichentscheid des Präsidenten.

— Das *Direktorium* als zentrales Exekutivorgan der Bundesbank ist für die Durchführung der Beschlüsse des Zentralbankrates und die Leitung der Bank verantwortlich, soweit dafür nicht die Vorstände der Landeszentralbanken zuständig sind. Neben dem Präsidenten und dem Vizepräsidenten

können dem Direktorium noch bis zu 8 weitere Mitglieder angehören. Die Entscheidungen dieser Zentralbankinstitution werden mit einfacher Mehrheit gefällt; im Gegensatz zum Abstimmungsmodus im Zentralbankrat gibt hier die Stimme des Präsidenten bei Stimmengleichheit den Ausschlag.
— Die *Landeszentralbanken* sind die regionalen Ausführungsorgane der Bundesbank, welche die Geschäfte mit den Kreditinstituten ihres Gebietes, mit dem jeweiligen Bundesland und den sonstigen öffentlichen Verwaltungen des Bundeslandes durchführen. Sie werden von einem Vorstand geleitet, der in der Regel aus einem Präsidenten und einem Vizepräsidenten besteht. Die Beschlüsse der Landeszentral-Vorstände werden mit einfacher Mehrheit gefaßt. Wenn Stimmengleichheit vorkommt, gibt die Stimme des Präsidenten den Ausschlag. Die Exekutivfunktion der Bundesbank beschränkt sich somit nicht auf eine für die Gesamtbank zuständige Institution, sondern mit den Landeszentralbanken auf mehrere Organe mit gebietlich abgegrenzter Geschäftsführungsbefugnis. Das Direktorium hat jedoch als das zentrale Exekutivorgan eine exponierte Stellung.
— Den *Ernennungsmodus der Funktionsträger* der Bundesbank regelt das Bundesbankgesetz (1957):
  — Auf Vorschlag der *Bundesregierung* werden der Präsident, der Vizepräsident und die weiteren Mitglieder des Direktoriums bestellt. Die Bundesregierung hat bei ihren Personalvorschlägen den Zentralbankrat anzuhören.
  — Auf Vorschlag des *Bundesrates* werden die Präsidenten der Landeszentralbanken ernannt. Dabei unterbreitet der Bundesrat seine Personalvorschläge aufgrund der Nominierung der nach Landesrecht zuständigen Stellen und nach Anhörung des Zentralbankrates.
  — Auf Vorschlag des Zentralbankrates erfolgt die *Ernennung der Vizepräsidenten* und übrigen Vorstandsmitglieder der Landeszentralbanken.
An der Ernennung der leitenden Bundesbankorgane, die grundsätzlich vom Bundespräsidenten für 8 Jahre vorgenommen wird, sind somit eine Vielzahl von Ernennungsinstanzen beteiligt. Diese haben allerdings jeweils ein unterschiedliches Gewicht und einen differierenden Einfluß. Hierdurch wird die Unabhängigkeit der Bankleitung gewährleistet. Stehen etwa der Präsident der Bundesbank und die weiteren Mitglieder des Direktoriums der Bundesregierung nahe (weil sie von ihr zur Ernennung vorgeschlagen wurden), so haben diese Personen u.U. im Zentralbankrat keine Mehrheit.
— Das Verhältnis der *Deutschen Bundesbank zur Bundesregierung* wird durch folgende Tatbestände gekennzeichnet:
  — Die *Unabhängigkeit der Bundesbank* gegenüber der Regierung ist im Bundesbankgesetz ausdrücklich festgelegt. Durch den Bestellungsmodus für die Mitglieder des Zentralbankrates ist diese Unabhängigkeit auch personell gesichert. Die Bundesbank unterliegt hinsichtlich ihrer Tätigkeit auch keiner parlamentarischen Kontrolle. Dieser Tatbestand wird

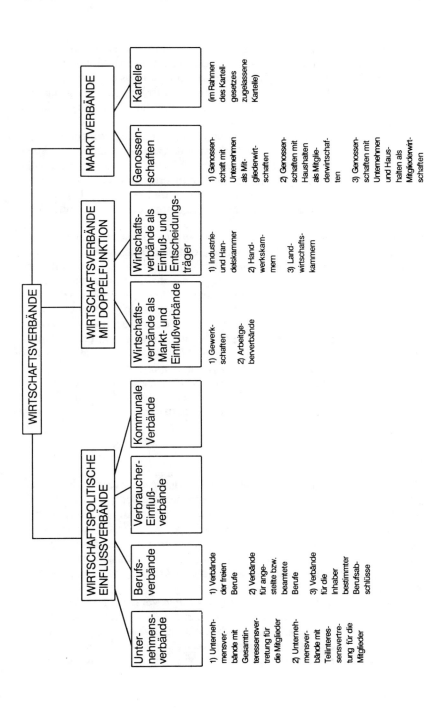

Schaubild 14: Arten der Wirtschaftsverbände

teilweise als problematisch eingestuft, weil darauf hingewiesen wird, daß eine derart wichtige Institution der Volkswirtschaftspolitik wie die Zentralnotenbank, keine demokratische Legitimation besitzen würde.
— Die Bundesbank besitzt jedoch *keine totale Selbständigkeit,* da sie gesetzlich verpflichtet ist, die Volkswirtschaftspolitik der Bundesregierung zu stützen, doch nur ,,unter Wahrung ihrer Aufgabe". Wenn die Bundesbank durch ein Unterstützungsverlangen der Bundesregierung in Konflikt mit ihrer Hauptfunktion — der Sicherung der Geldwertstabilität — kommen würde, könnte sie gegenüber der Bundesregierung die Unterstützung erweitern. Da die Sicherung des Geldwertes auch für die Bundesregierung nach dem Stabilitätsgesetz eine ausdrückliche Verpflichtung ist, ist eine Abstimmung zwischen beiden Instanzen in der Geld- und Wirtschaftspolitik unabdingbar.

(4) Letztlich lassen sich auch die *Unternehmen als volkswirtschaftspolitische Entscheidungsträger* feststellen. So können sicherlich Großunternehmen durch autonom gefaßte Entscheidungen in der Preis- oder Beschäftigungspolitik das volkswirtschaftliche Geschehen einer Region nachhaltig bestimmen; dies ist beispielsweise bei der Entscheidung zur Neuansiedlung von Produktionsstätten in bestimmten Gebieten, in der Entscheidung im Hinblick auf Entlassungen oder Neueinstellung von Arbeitnehmern, oder in dem Beschluß der Verlagerung von Betriebsstätten ins Ausland der Fall. Hier werden zwar primär einzelwirtschaftliche Entscheidungen gefällt, die in ihrer Dimensionierung jedoch so groß sind, daß sie durchaus als volkswirtschaftspolitisch relevant eingestuft werden können. Häufig ist es auch so, daß von derartigen Entscheidungen der Großunternehmen volkswirtschaftspolitische Signale für andere Unternehmen ausgehen und somit eine gesamtwirtschaftlich bedeutsame Entwicklung bewirkt werden kann.

bb) Einflußträger der Volkswirtschaftspolitik

Die Träger volkswirtschaftspolitischer Gruppeninteressen treten in der pluralistischen, marktwirtschaftlichen und demokratischen Massengesellschaft westlicher Prägung in Erscheinung. Ihre interessensbedingten Anliegen und Absichten können sich entweder auf die Verbesserung der wirtschaftlichen und sozialen Stellung ihrer Mitglieder (Einflußverbände, wie z.B. Bauern-, Industrie-, Handwerks-, Handels-, Verbraucherverbände, und Gewerkschaften) oder auf die Erzwingung wirtschaftlicher Macht durch freie Wahlen (politische Parteien) beziehen.

(1) Die *volkswirtschaftspolitischen Einflußverbände* versuchen durch den Einsatz von gesellschaftlicher Macht vor allem die Beschlüsse der Entscheidungsträger in ihrem Sinne zu beeinflussen. Dies sind die in den Parlamenten vertretenen Parteien, die Regierung, die supranationalen Organe oder gar der Regierungschef selbst; aber auch die Staatsverwaltung, bei der oft durch personelle

und fachliche Entscheidung Einfluß zu nehmen versucht wird. Der Umfang ihrer Macht ist um so größer und der Effekt ihres Wirkens um so mächtiger, je höher die Mitgliederzahlen und der Organisationsgrad (Anteil der verbandsmäßig Organisierten im Verhältnis zur Gesamtzahl der Angehörigen einer Wirtschaftsgruppe) und je einheitlicher das Mitgliederinteresse ist.

Beispiel:

> In der Bundesrepublik Deutschland haben die Gewerkschaften und die Bauernverbände einen hohen Organisationsgrad (bei den Bauernverbänden sind mehr als 90 % der Betriebsleiter Mitglieder) und ein gemeinschaftliches Mitgliederinteresse (Erhöhung der Löhne oder der agrarischen Erzeugerpreise); dies bedingt einen starken wirtschaftspolitischen Einfluß. Die Machtausübung kann in unterschiedlichster Form erfolgen; sie reicht von der Androhung oder Durchführung öffentlicher Demonstrationen über die Entsendung von Verbandsvertretern in die Organe der Entscheidungsträger (insbesondere in die Parlamente), das direkte oder indirekte Angebot von geschlossenen Stimmpaketen bei Parlamentswahlen durch Wahlaufrufe an die Mitglieder bis zur Verfügungstellung umfassenden Informationsmaterials für die volkswirtschaftspolitischen Entscheidungsträger.

(2) Die *politischen Parteien* sind miteinander konkurrierende Machtgruppen, die über eine gegenseitige Konfrontation — Wahlkampf und ständige politische Auseinandersetzung im Parlament und in der Öffentlichkeit — und die Teilnahme an Parlamentswahlen nach direktem Einfluß auf die politische Entscheidung im Parlament, in der Regierung und der öffentlichen Meinung, letztlich zur Übernahme der gesamten politischen Macht streben. Die wirtschaftspolitischen Absichten einer Partei können dann mit denen eines staatlichen Entscheidungsträgers identisch sein, wenn sie im Parlament die absolute Mehrheit erreicht hat und das Parteiprogramm zum Regierungsprogramm wird. Muß eine Partei mit einer anderen Partei zur Regierungsbildung eine Koalition eingehen, dann werden die Parteien bei der Erstellung des Regierungsprogramms und bei der ständigen Zusammenarbeit in Regierung und Parlament ihre unterschiedlichen programmatischen Vorstellungen aufeinander abzustimmen haben.

cc) Volkswirtschaftspolitische Träger mit Doppelfunktion

Die volkswirtschaftspolitischen *Träger mit Doppelfunktion* sind sowohl ein Entscheidungs- als auch Einflußträger der Volkswirtschaftspolitik. Sie sind demgemäß befähigt, verbindliche volkswirtschaftspolitische Beschlüsse zu fassen, die zu einer unmittelbaren Gestaltung des volkswirtschaftlichen Geschehens führen und auf die Vorgänge der Beschlußfassung der eigentlichen Entscheidungsträger der Volkswirtschaftspolitik einzuwirken. In diese Kategorie volkswirtschaftspolitischer Träger gehören vor allem:

(1) Die *Kammern* (Industrie- und Handelskammern, Handwerkskammern, Landwirtschaftskammern) können als Selbstverwaltungsorgane der Wirtschaft im Sinne der volkswirtschaftspolitischen Träger mit Doppelfunktion eingestuft werden. Sie können einerseits — häufig im Auftrag des Staates — allgemein verbindliche Beschlüsse fassen (in der Berufsbildung bei den Industrie- und Handelskammern, in der Vergabe öffentlicher Mittel für die Entwicklung landwirtschaftlicher Betriebe bei den Landwirtschaftskammern u.a.), andererseits versuchen sie — entsprechend der Zielvorstellungen und Anliegen ihrer Mitglieder — deren Mitgliedschaft obligatorisch ist — auf die Entscheidungsträger der Volkswirtschaftspolitik (vor allem auf die Länderinstanzen) Einfluß zu nehmen. Der DIHT (Deutscher Industrie- und Handelstag) als die Spitzenvereinigung der deutschen Industrie- und Handelskammern verfolgt u.a. das Ziel, volkswirtschaftspolitische Entscheidungen auf Bundesebene und entsprechende gesamtwirtschaftliche Entwicklungen zu analysieren und entsprechende Lösungsvorschläge zu unterbreiten. Er ist in diesem Sinne Einflußträger der Volkswirtschaftspolitik.

(2) Auch die *Tarifpartner* (Gewerkschaften und die Arbeitgeberverbände) sind volkswirtschaftspolitische Träger mit Doppelfunktion. Beide sind in der Lage, im Rahmen ihrer Tarifpolitik autonome Entscheidungen zu fällen, in dem sie über die Arbeitsbedingungen und die Lohnhöhe bestimmte, für beide Seiten gültige und für die Gesamtwirtschaft wirksam werdende Ergebnisse miteinander vereinbaren. Darüberhinaus versuchen sie aber auch die anderen Entscheidungsträger, insbesondere die staatlichen Träger der Volkswirtschaftspolitik, entsprechend ihren Vorstellungen in jenen Fragen zu beeinflussen (Beschäftigungspolitik, Sozialgesetzgebung, Bildungspolitik u.a.) in denen sie nicht die letzten Entscheidungen herbeiführen können.

4.2. Vorgang volkswirtschaftspolitischer Willensbildung

a) Hauptkriterien volkswirtschaftspolitischer Willensbildung

aa) Kompromisse in der Volkswirtschaftspolitik

(1) Die *Vielzahl volkswirtschaftspolitischer Träger* ist typisch für die moderne Volkswirtschaft und Gesellschaft. Nicht nur die staatlichen Entscheidungsorgane sind umfassender und komplizierter geworden, sondern die volkswirtschaftspolitischen Aktionen resultieren vielfach überhaupt erst aus den Einflußgruppierungen im pluralistischen Kräftefeld der heutigen Gesellschaft. Dies führt dazu, daß sich häufig unterschiedliche, z.T. widersprechende Zielvorstellungen

gegenüberstehen und der Einsatz verschiedenartiger Maßnahmen in differierenden Dimensionen gefordert wird. Eine solche Situation ergibt sich beispielsweise aus den konträren Vorstellungen im Hinblick auf die Sozial- oder Beschäftigungspolitik von Gewerkschaften und Arbeitgeberverbänden bzw. Wirtschaftsverbänden; die Bauernverbände haben hinsichtlich der Höhe der landwirtschaftlichen Erzeugerpreise, der Agrarimporte u.a. ganz andere Meinungen und Absichten als die Verbraucherverbände oder die staatlichen Träger der Volkswirtschaftspolitik. Die Pluralität der volkswirtschaftspolitischen Trägerschaft bedingt somit eine unvermeidliche gesellschaftliche Konfliktsituation und eine Verschärfung des Prozesses der Entscheidungsfindung.

(2) Dies führt zu der *Notwendigkeit eines Kompromisses* zwischen den verschiedenen Trägern der Volkswirtschaftspolitik, da diese einsehen müssen, daß sie ihre Vorstellungen nicht vollständig durchsetzen können. Sie versuchen dann ihre unterschiedlichen Interessen im Sinne einer friedlichen Vereinbarung aufeinander abzustimmen. Dabei wird im Ablauf der volkswirtschaftspolitischen Entscheidungsfindung grundsätzlich der Trend sichtbar, jeden Träger der Volkswirtschaftspolitik in seinen wichtigsten Interessen zu berücksichtigen, ihm aber an anderer Stelle auch Opfer zuzumuten. Der volkswirtschaftspolitische Kompromiß soll die totale Unterwerfung eines Trägers im Sinne einer sichtbaren Niederlage verhindern; er dient als ein Mittel zum Ausgleich von Interessenskonflikten zwischen den Trägern der Volkswirtschaftspolitik zur Erhaltung des sozialen Friedens. Allerdings muß berücksichtigt werden, daß der Kompromiß keinen vollkommenen Frieden herbeiführt, weil die Interessensgegensätze durch ihn letztlich nicht beseitigt werden.

(3) Die *Formen des Aushandelns von Kompromissen* in der Volkswirtschaftspolitik sind vielfältig und keineswegs in irgendwelcher Weise festgelegt. Am Zustandekommen eines Kompromisses können ausschließlich die obersten Träger der Volkswirtschaftspolitik beteiligt sein; in der Weise etwa, daß innerhalb des Europäischen Ministerrates, zwischen den verschiedenen Bundesministerien (Bundesministerium für Wirtschaft, Bundesministerium für Verkehr, Bundesministerium für Arbeit und Sozialwesen u.a.) eine Vereinbarung zustande kommt, bei der alle Partner von ihren ursprünglichen Zielvorstellungen bis zu einem gewissen Grade abgegangen sind und die Absichten der Verhandlungskontrahenten berücksichtigt haben. Vielfach werden aber auch Kompromisse zwischen dem Staat und den Trägern der volkswirtschaftspolitischen Gruppeninteressen ausgehandelt. Dies ist etwa dann gegeben, wenn ein Wirtschaftsverband so lange von Aktionen (z.B. Demonstrationen) absieht, bis innerhalb der staatlichen Entscheidungsgremien Beschlüsse zu einer bestimmten Angelegenheit gefaßt worden sind. Insgesamt gesehen ist der Mechanismus des Zustandekommens von Kompromissen in der Volkswirtschaftspolitik in pluralistischen und demokratischen Staatswesen nicht sehr durchsichtig und auch nicht rational konstruiert.

bb) Strategie in der Volkswirtschaftspolitik

(1) Das *Wesen der volkswirtschaftspolitischen Strategie* der einzelnen Träger besteht darin, auf der Grundlage eines rational konzipierten Handlungsplanes, in dem die möglichen Verhaltensweisen der übrigen Träger der Volkswirtschaftspolitik berücksichtigt sind, die Verwirklichung eines maximalen Vorteils im Rahmen eines notwendigen Kompromisses zu erreichen.

(2) Dabei ist es vor allem wichtig, den marktwirtschaftlichen, gesellschaftlichen und politischen *Hintergrund des strategischen Verhaltens* der volkswirtschaftlichen Träger zu erkennen. Als besondere Aspekte sind dabei herauszustellen: Welche Größe hat ein Wirtschaftsverband, insbesondere wie hoch ist der Organisationsgrad der Mitglieder? Wie ist die Wirtschaftslage in der entsprechenden Branche? Wie ist die Verbandsstruktur, gibt es etwa mehrere Gewerkschaften, die die Interessen von Arbeitnehmern vertreten? u.a..

(3) Die *Orientierungsdaten der volkswirtschaftspolitischen Strategie* weichen bei den verschiedenen Trägern der Volkswirtschaftspolitik voneinander ab. In erster Linie sind zu nennen:

— Die politische *Macht und der Einfluß* der volkswirtschaftspolitischen Träger bestimmt im wesentlichen ihre Verhaltensweise. Es macht einen großen Unterschied aus, ob eine bestimmte Forderung von einem mitgliederstarken oder -schwachen Verband, einer großen oder kleinen Partei oder einer starken bzw. schwachen Regierung, die sich aus mehreren Koalitionspartnern zusammensetzt, erhoben bzw. zurückgewiesen wird.

— Die *Entschlossenheit zur Durchsetzung von Absichten* bei den einzelnen Trägern der Volkswirtschaftspolitik ist ausschlaggebend für ihr Vorgehen gegenüber anderen volkswirtschaftspolitischen Eingruppierungen. Steht hinter einer bestimmten Forderung, etwa dem Verbot der Aussperrung als Mittel des Arbeitskampfes, die gesamte Mitgliedschaft der Gewerkschaften, so können diese ihre diesbezüglichen Absichten gegenüber den staatlichen Trägern der Volkswirtschaftspolitik sehr viel entschiedener vertreten, als wenn ein großer Teil der Gewerkschaftsmitglieder mit dieser tarifpolitischen Maßnahme nicht konform geht.

— Der erwartete *Widerstand und die Konzessionsbereitschaft* bei den übrigen Trägern der Volkswirtschaftspolitik, speziell bei den Verhandlungsgegnern, ist ein entscheidendes Datum für die Art und Weise des eigenen Vorgehens. Wenn in Erfahrung gebracht wird, daß hinsichtlich einer bestimmten Forderung eine große Bereitschaft zum Nachgeben besteht, so kann man hier mit seiner Aktivität ansetzen. Wird dagegen ein starker Widerstand bezüglich einer bestimmten Absicht befürchtet, so kann man seine Forderung von vornherein sehr hoch schrauben, um später einen Spielraum für ein eventuelles eigenes Nachgeben zu haben.

— Die erwarteten *Koalitionsmöglichkeiten mit anderen Trägern* der Volkswirtschaftspolitik stärkt oder schwächt die individuelle Verhandlungsposition.

Wenn etwa ein industrieller Wirtschaftsverband in Erfahrung bringt, daß sich mit seinen Forderungen andere Wirtschaftsverbände und starke politische Parteien identifizieren, so kann er versuchen, gegenüber den staatlichen Entscheidungsträgern seine Absicht mit aller Konsequenz durchzusetzen. Findet ein Wirtschaftsverband bezüglich einer bestimmten volkswirtschaftspolitischen Absicht keine Verbündete, kann ihn dies gegebenenfalls veranlassen, diese Forderung aufzugeben.

b) Phasen volkswirtschaftspolitischer Entscheidungsfindung

Der Ablauf der Volkswirtschaftspolitik kann in einzelne Phasen eingeteilt werden, in denen die Träger in unterschiedlicher Intensität tätig werden. Die Phasen lassen sich allerdings nicht immer eindeutig voneinander trennen, sondern sie gehen vielfach unmerklich ineinander über.

aa) Vorbereitungsphasen der Volkswirtschaftspolitik

(1) In der *volkswirtschaftspolitischen Planungsphase* werden auf der Grundlage von Situationsanalysen, die bestimmte Probleme herausstellen (steigende Arbeitslosigkeit, unzureichende Wettbewerbsfähigkeit bestimmter Industriezweige, außenwirtschaftliches Ungleichgewicht) Ziele festgelegt und Maßnahmen bestimmt, mittels denen Zielvorstellungen verwirklicht werden sollen. Der Ursprung vieler volkswirtschaftspolitischer Maßnahmen ist in vorbereitenden Diskussionen von Wissenschaftlern, in politischen Parteien oder Verbänden zu suchen. Der weitaus größte Teil der Planungsarbeit in der Volkswirtschaftspolitik wird jedoch von den obersten Trägern (Bundesregierung, Bundesbank, Länderregierungen u.a.) geleistet. In diesem Planungsstadium werden in der Regel Kontakte mit den Trägern der volkswirtschaftspolitischen Interessen aufgenommen, um deren Meinungen zu berücksichtigen und um eine Atmosphäre des gegenseitigen Verständnisses zwischen den Regierungsinstanzen und den Wirtschaftsverbänden zu schaffen.

(2) In der *volkswirtschaftspolitischen Koordinierungsphase* wird versucht, eine Abstimmung zwischen den beabsichtigten Maßnahmen der einzelnen Ministerien einer Regierung (Finanz-, Wirtschafts-, Verkehrs-, Landwirtschaftsministerium u.a.) in der Weise herbeizuführen, daß eine ,,Wirtschaftspolitik aus einem Guß'' möglich wird. Vor allem ist dabei zu überprüfen, ob bestimmte Absichten sich auch finanziell realisieren lassen. Soll darüberhinaus eine Maßnahmenharmonie zwischen den Ministerien erreicht werden, so sollte die regionale Wirtschaftsförderungspolitik des Bundeswirtschaftsministeriums beispielsweise konform gehen mit der Infrastrukturpolitik der Bundesländer. Letztlich sollte jedoch nicht nur eine Koordinierung der Volkswirtschaftspolitik zwischen den behördlichen Instanzen herbeigeführt werden, sondern es müßte der Versuch

unternommen werden, eine allgemeine Abstimmung der volkswirtschaftspolitischen Aktivität aller Träger zu erreichen.

bb) Realisationsphasen der Volkswirtschaftspolitik

(1) In der *volkswirtschaftspolitischen Entscheidungsphase* werden Beschlüsse über die Ziele und Maßnahmen der Volkswirtschaftspolitik sowie deren Dosierung, d.h. ihres zeitlichen und finanziellen Einsatzes, gefaßt. Die Entscheidungen werden grundsätzlich von den staatlichen Entscheidungsträgern gefällt. Die Organisation der Volkswirtschaftspolitik in der Entscheidungsphase sollte dermaßen gestaltet sein, daß über die Aufgabenverteilung der einzelnen Instanzen (Ministerrat und Kommission der Europäischen Gemeinschaften, Regierung und Parlament im Nationalstaat, Zentral- und Regionalinstanzen im Bundesstaat, Bundesregierung und Bundesbank) völlige Klarheit besteht. In der Regel sind volkswirtschaftspolitische Einzelfragen von der Regierung zu lösen, während Grundsatzprobleme Gegenstand parlamentarischer Erörterungen sein sollten. Es muß jedoch festgestellt werden, daß im Parlament häufig auf Einzelfragen eingegangen wird, wobei vielfach die prinzipielle Orientierung verloren geht. In der Entscheidungsphase werden neben den Entscheidungsträgern auch die Träger der volkswirtschaftspolitischen Interessen, insbesondere die Wirtschaftsverbände, aktiv. Dabei ist es selbstverständlich, daß bei parlamentarischen Entscheidungen im Rahmen der Fraktionsarbeit die politischen Parteien in Aktion treten. Aber auch die Vertreter der volkswirtschaftlich relevanten Wirtschaftsverbände werden in dieser Phase der Volkswirtschaftspolitik tätig, wenn sie als Parlamentarier ihr Votum zu bestimmten Beschlüssen abgeben.

(2) Die *volkswirtschaftspolitische Durchführungsphase* ist dadurch gekennzeichnet, daß in ihr insbesondere die Mittel- und Unterinstanzen der Finanz- und Wirtschaftsverwaltung in Funktion treten. Die Ausführung von agrarpolitischen Beschlüssen ist beispielsweise in der Regel einer Vielzahl von staatlichen Handlungsinstanzen übertragen, wobei eine hierarchische Beziehung zwischen den Regionalinstanzen (Landwirtschaftsämter, Regierungspräsidien, Landwirtschaftsministerien der Länder) und der zentralen Instanz (Bundesministerium für Ernährung, Landwirtschaft und Forsten) besteht. Auch in der Durchführungsphase ist ein gewisser Einfluß der Träger volkswirtschaftspolitischer Gruppen vorhanden, wenn etwa Parteien oder Verbände versuchen, auf Personalentscheidungen innerhalb der staatlichen Verwaltung oder auf die Gestaltung von Durchführungsbestimmungen Einfluß zu nehmen.

(3) Die *volkswirtschaftspolitische Kontrollphase* ist notwendig, um vollzogene Maßnahmen beurteilen zu können, wobei vor allem interessiert, ob durch sie die angestrebten Ziele realisiert wurden. Die Kontrollfunktion kommt innerhalb der staatlichen Entscheidungsträger den Parlamenten zu; im außerparlamentarischen Raum sind es die Wirtschaftsverbände und die Parteien, die eine kritische Überprüfung der eingesetzten volkswirtschaftspolitischen Instrumente hinsicht-

lich der gewünschten Zielerreichung durchführen. Die Kontrolle der volkswirtschaftspolitischen Aktivität der Entscheidungsträger soll letztlich auch die Gründe aufdecken, weshalb bestimmte Zielsetzungen nicht erreicht werden konnten. Dabei können sich in der Durchführung technische Schwierigkeiten ergeben oder die Ziele waren unklar formuliert, so daß sich die Finanz-, Wirtschafts- oder Sozialverwaltung an falschen Daten orientierte. Letztlich kann es auch an einer Übereinstimmung zwischen den Absichten an der Spitze der Entscheidungsträger und den Handlungen seiner Durchführungsorgane an der Basis gefehlt haben.

Fragen:

19. Weshalb kann nach Ihrer Meinung eine Gewerkschaft bzw. die Bundesbank als Träger der Volkswirtschaftspolitik eingestuft werden?
20. Beschreiben sie das Verhältnis zwischen Bundesbank und Bundesregierung in der Wirtschafts- und Währungspolitik!
21. Weshalb können Kartelle und Genossenschaften auch als Wirtschaftsverbände angesehen werden?

Antworten zu den Fragen

1. Die doppelte Ausrichtung des Begriffes der Volkswirtschaftspolitik besteht darin, daß man zum einen das praktische Handeln der Träger der Volkswirtschaftspolitik in der Wirtschaftspraxis versteht und zum anderen als Volkswirtschaftspolitik auch die wissenschaftliche Disziplin verstanden werden kann, die das praktische volkswirtschaftspolitische Handeln als Erfahrungs- und Erkenntnisobjekt ausgewählt hat.
2. Eine Beziehung zwischen Gesellschafts- und Volkswirtschaftspolitik ist aus verschiedensten Gründen vorhanden:
   — Die Träger der Volkswirtschaftspolitik müssen über gesellschaftliche Macht verfügen können und sind somit gesellschaftspolitisch relevante Einrichtungen.
   — Die Ziele der Gesellschaftspolitik (Freiheit, Demokratie, Gerechtigkeit u.a.) haben selbstverständlich ihre Ausstrahlungen auf die Organisation einer Volkswirtschaft in der Weise, daß freiheitliche Entscheidungen im Wirtschaftsleben, demokratisches Mitbestimmungsrecht der Arbeitnehmer und Gerechtigkeitsvorstellungen in der Einkommens- bzw. Vermögensverteilung, volkswirtschaftspolitisch von Bedeutung sind.
3. Die Systematik des Handelns in der praktischen Wirtschaftspolitik läuft in folgender Weise ab: Situationsanalyse, Zielsetzungen, Überlegungen zum Einsatz bestimmter Instrumente, Umsetzung der Instrumente in volkswirtschaftspolitische Maßnahmen, Zielkontrolle.
   — Bei der Bundesbank könnte dies etwa in der Weise geschehen: Es wird festgestellt, daß es zu einer Beeinträchtigung der Geldwertstabilität kommt (die Preissteigerungen betragen im Jahresdurchschnitt rund 5,5 %), dies bedeutet, daß das Ziel der Geldwertstabilität (das bei höchstens 2,5 % Preissteigerung liegt) beeinträchtigt wird; es werden dann Überlegungen angestellt, welche Instrumente der Geldpolitik (Diskontsatz-, Mindestreserven-, Offen-Markt-Politik) angewandt werden sollen; es werden dann konkrete Entscheidungen gefällt, etwa im Hinblick auf die Erhöhung des Mindestreservesatzes oder die Anhebung des Diskontsatzes und es werden dann nach einiger Zeit Überlegungen durchgeführt, ob diese Maßnahmen auch richtig waren.
   — Die Bundesregierung wird durch die statistischen Analysen der Bundesanstalt für Arbeit davon informiert, daß die Arbeitslosenquote weiter ansteigt; das von ihr gesetzte Ziel einer Vollbeschäftigung bei 4,5 % Ar-

beitslosenquote, wird nicht erreicht und es sind Überlegungen anzustellen, welche Instrumente der Beschäftigungspolitik eingesetzt werden können. Wenn dann letztlich als Maßnahmen festgelegt werden, die Nachfrage der öffentlichen Haushalte zu erhöhen sowie in verstärktem Maße Umschulungs- und Weiterbildungsmaßnahmen einzuführen, so werden im Rahmen der Systematik der Wirtschaftspolitik am Schluß dieser Kausalkette Kontrollen hinsichtlich der Wirksamkeit der beschäftigungspolitischen Maßnahmen zur Realisierung des Zieles angestellt.
4. Wertvorstellungen bei der Festlegung volkswirtschaftspolitischer Ziele ergeben sich deswegen, weil die Träger der Volkswirtschaftspolitik grundsätzlich eine unterschiedliche gesellschaftspolitische bzw. ideologische Orientierung haben. So ist es selbstverständlich, daß Abgeordnete bzw. Regierungsvertreter der verschiedenen Parteien auch unterschiedliche Grundvorstellungen über die Wichtigkeit bestimmter volkswirtschaftspolitischer Ziele haben. Es ist auch verständlich, daß Repräsentanten der Gewerkschaften oder die Arbeitgeberverbände bestimmte gesamtwirtschaftliche Probleme unterschiedlich einstufen. Eine wertende Haltung im Hinblick auf bestimmte Ziele der Volkswirtschaftspolitik ist selbstverständlich und unvermeidbar. Wichtig ist nur, daß man jeweils seinen ideologischen Standpunkt zu erkennen gibt und nicht die Position vertritt, daß die jeweils angestrebten Ziele allgemein gültig wären.
5. In einer modernen und auf Wachstum ausgerichteten Volkswirtschaft ist es sicherlich problematisch, wenn von den Entscheidungsträgern Strukturerhaltungsziele zu verwirklichen versucht werden. Diese gesellschaftspolitischen oder sozial ausgerichteten Zielsetzungen können aus außerökonomischen Ursachen sicherlich gerechtfertigt sein. Wenn sie allerdings verhindern, daß die volkswirtschaftlichen Ressourcen nicht dorthin gelenkt werden, wo sie die höchste gesamtwirtschaftliche Produktivität und einzelwirtschaftliche Rentabilität erreichen, werden sich für jede Gesellschaft Probleme ergeben. Diese können in unterschiedlichen Einkommensentwicklungen bzw. einem differierenden sozialen Status sich einstellen.
6. Es ist schwierig, in der Politik der Einkommensverteilung von allen gesellschaftlichen Gruppen allseits akzeptierte Prinzipien zu berücksichtigen. Grundsätzlich wird das Gleichheits-, Leistungs- und das Bedarfsprinzip berücksichtigt. Das grundsätzliche Konzept in der Einkommensverteilung besteht darin, daß eine Kombination zwischen Leistungs- und Bedarfsprinzip durchgeführt wird. Beispiel: Es wird von Arbeitnehmern — unabhängig von ihrer sozialen Stellung: ob verheiratet, jung oder alt, kinderlos oder mit Kindern — bei gleicher Leistung auch das gleiche Entgelt bezahlt; durch die Steuerklasse und die Wohnungssituation werden jedoch die Bedarfsverhältnisse mitberücksichtigt.
7. Das volkswirtschaftspolitische Ziel Wirtschaftswachstum war schon immer umstritten. In den Anfangsjahren der Bundesrepublik Deutschland war man

der Auffassung, daß das Wirtschaftswachstum nicht als eigenständiges Ziel der Volkswirtschaftspolitik angesehen werden könnte, sondern daß es lediglich eine Rahmenbedingung für die Wirtschaftspolitik darstellt, welche die Ziele hohes Beschäftigungsniveau, Geldwertstabilität und Außenwirtschaftliches Gleichgewicht (also das magische Dreieck) zu verwirklichen hätte. Sicherlich ist das Wirtschaftswachstum für sich allein genommen kein sinnvolles Ziel — genauso wie die Umsatzsteigerung für ein Unternehmen noch nicht als eine finale Zielsetzung des Unternehmens angesehen werden kann. Es muß sicherlich die Frage volkswirtschaftspolitisch beantwortet werden, zu welchem Zwecke ein Wirtschaftswachstum realisiert werden soll. Derartige Zielsetzungen können sein: Erhöhung des Lebensstandards der Bevölkerung, Finanzierung steigender Staatslasten, Gewährleistungen des gesamtwirtschaftlichen Strukturwandels, Verwirklichung einer Verteilungsgerechtigkeit bei Einkommen und Vermögen, soziale Sicherung eines großen Teils der Bevölkerung und die Verwirklichung grundlegender gesellschaftspolitischer Ziele (z.B. Demokratie, Wohlstand, Gerechtigkeit und sozialer Friede).

8. Bei jeder wirtschaftspolitischen Entscheidung, ist es wichtig zu wissen, aus welchen Gründen sie zu fällen ist. Dies bedeutet, daß nicht nur eine sorgfältige Situations-, sondern auch Ursachenanalyse vorzunehmen ist. Wenn etwa die Ursachen der Arbeitslosigkeit nicht exakt geklärt sind, so kann es durchaus sein, daß die eingesetzten Instrumente der Entscheidungsträger nicht die erwarteten Wirkungen zeigen. Wenn beispielsweise in einer Volkswirtschaft eine strukturelle Arbeitslosigkeit vorhanden ist — Unterbeschäftigung also deswegen besteht, weil die Produkte bestimmter Wirtschaftszweige keine entsprechende Nachfrage mehr finden (Stahl, Textil, Landwirtschaft) — so wäre es volkswirtschaftspolitisch völlig falsch, wenn man versuchen würde, durch Instrumente der Geld- oder Fiskalpolitik eine Steigerung der Beschäftigung in der Volkswirtschaft oder in einzelnen Regionen zu erreichen. Es könnte sogar die Situation eintreten, daß über konjunkturpolitische Instrumente zum Abbau der Arbeitslosigkeit, etwa Investitionsprämien oder einer Verbilligung der Kredite über eine entsprechende Diskontpolitik, keine zusätzlichen Arbeitsplätze von den Unternehmen geschaffen, sondern über die Investitionsaktivitäten Arbeitsplätze abgebaut werden.

9. Es ist verständlich, daß das Außenwirtschaftliche Gleichgewicht als kein von der Bevölkerung allgemein anerkanntes und verstandenes Ziel der Volkswirtschaftspolitik angesehen wird; es hat auch im Gegensatz zu den anderen Zielsetzungen — die im gesamtwirtschaftlichen Gleichgewicht angestrebt werden — in starkem Maße einen instrumentellen Charakter. Es wurde jedoch nicht umsonst das ,,Außenwirtschaftliche Gleichgewicht'' als wichtiges und den Staat verpflichtendes Ziel in das Stabilitätsgesetz aufgenommen. Es sind dies vor allem folgende Tatbestände und Gründe: Wenn ein Außenwirtschaftliches Ungleichgewicht, gleich welcher Art besteht, so besteht die

Gefahr, daß die Volkswirtschaft aus der internationalen Arbeitsteilung ausscheiden muß. In Überschußländern ist stets die Gefahr einer importierten Inflation gegeben, durch die der Bevölkerung ein Teil des von ihr mitproduzierten Sozialprodukts vorenthalten wird. In Defizitländern haben wir die Situation, daß hier ,,über die Verhältnisse'' gelebt wird und deswegen mehr Zahlungen ins Ausland gehen als man von dort erhält. Wenn diese Entwicklung langfristig anhält, so ist leicht erkennbar, daß die Volkswirtschaft ihre ,,Auslandsrechnungen nicht mehr bezahlen kann'' und somit aus dem internationalen Handel und Wirtschaftsverkehr ausscheiden muß.

10. Die Hauptprinzipien der Umwelt sind: Das Verursacher-, Vorsorge-, Gemeinlast- und Kooperationsprinzip. Am problematischsten ist selbstverständlich das Gemeinlastprinzip, weil hier die Verursachung der Umweltschäden nicht bestimmt werden kann und die Kosten somit von der öffentlichen Hand getragen werden müssen. Am günstigsten ist natürlich das Vorsorgeprinzip einzustufen, weil hier die Umweltbeeinträchtigung oder -zerstörung bereits von Anfang an verhindert wird; auch das Verursacherprinzip ist günstig zu beurteilen, weil jenem die Umweltschäden auferlegt werden, der sie letztlich bewirkt hat. Das Kooperationsprinzip ist demgegenüber kein Handlungsgrundsatz, sondern lediglich das Postulat in allen Fragen der Umweltpolitik auf breiter Basis eine Zusammenarbeit durchzuführen.

11. Die Phillips-Kurve ist deswegen mit Vorsicht einzustufen, weil sich Einflüsse auf das Beschäftigungsniveau ergeben können, die in keinerlei Entwicklung zum Geldwertniveau stehen. Dazu gehören beispielsweise der Strukturwandel, Wettbewerbsveränderungen oder außenwirtschaftliche Einflüsse, aber auch gesellschaftliche und politische Veränderungen können für eine hohe Arbeitslosigkeit ursächlich sein. So haben die hohen Arbeitslosenquoten in den neuen Bundesländern im Osten Deutschlands gewiß nichts mit dem Geldwertniveau, sondern mit dem gravierenden strukturellen Wandel der Wirtschaft zu tun.

12. Die These, daß zwischen Wirtschaftswachstum und den Zielen der Umweltpolitik ein nicht zu verhindernder Zielkonflikt vorhanden wäre, ist nur bedingt richtig. Sicherlich ergibt sich aus dem rein quantitativen Wirtschaftswachstum — mehr Autos, mehr Wohngebäude, mehr Gewerbegebiete, vermehrter Energieverbrauch u.a. — eine Belastung der Umwelt. Diese kann jedoch auch durch entsprechende staatliche Maßnahmen (Verbote, Verursacherprinzip, preispolitische Interventionen u.a.) reduziert werden. Es ist auch festzustellen, daß eine ganze ,,Umweltindustrie'' entstanden ist, die Leistungen erbringt (Kläranlagen, Mülldeponien, Forschungseinrichtungen im Umweltsektor u.a.,) die ihrerseits Leistungen anbieten, die in das Sozialprodukt eingehen und somit das Wirtschaftswachstum verstärken.

13. Die Unterschiede zwischen einem wirtschaftspolitischen Instrument und

einer wirtschaftspolitischen Maßnahme sind darin zu sehen, daß das Instrument lediglich die Möglichkeit darstellt, Wirtschaftspolitik zu betreiben, während die Maßnahme die konkrete Anwendung eines oder mehrerer Instrumente durch den Staat oder die Bundesbank ist. So ist die Erhöhung des Einkommensteuersatzes mit dem Ziel einer Investitionsreduzierung ein Instrument, während die zu einem bestimmten Zeitpunkt in der Größenordnung von 6,5 % durchgeführte Einkommensteuersatzsteigerung die entsprechende Maßnahme darstellt, wobei grundsätzlich nicht festgestellt werden kann, ob diese auch tatsächlich die gewünschte Richtung und Wirkung nimmt bzw. zeigt.

14. Das Instrument der ,,Mindestreservesatzveränderung" ist im Vergleich zur ,,Diskontsatzveränderung" deswegen als wirksamer anzusehen, weil hierdurch konkret den Banken monetäre Liquidität entzogen wird, oder entsprechende Liquidität zur Verfügung gestellt wird, so daß sich nachhaltige Effekte für die Geschäftsbankenpolitik im Hinblick auf die Kreditgewährungsmöglichkeiten gegenüber Unternehmen und Haushalten einstellen. Dies ist bei der Diskontsatzpolitik nur in eingeschränktem Umfange der Fall; durch die Verteuerung der Wechsel- bzw. Lombardkredite bzw. durch die Anhebung des Leitzinses bzw. die entsprechende Absenkung, werden lediglich die Rahmenbedingungen für die Wirtschaftssubjekte geändert. Wenn jedoch ein Unternehmen trotz gestiegenen Fremdkapitalzinssatzes oder bei reduziertem Fremdkapitalzinssatz der Auffassung ist, trotz höherer Kosten zu investieren bzw. bei reduzierten Fremdkapitalkosten keine Investition vorzunehmen, so bleibt die Diskontpolitik wirkungslos. Durch die Diskontsatzpolitik werden lediglich die Rahmenbedingungen für die Unternehmen im Hinblick auf die Kreditgewährung verbessert oder verschlechtert, während sich bei der Mindestreservesatzänderung für die Banken konkret Liquiditätseinschränkungen oder -erweiterungen ergeben.

15. Aus einer Aufwertung der Inlandswährung ergeben sich für die gesamte Volkswirtschaft die folgenden Auswirkungen: Exportverteuerung, Reduzierung der Direktinvestitionen der Ausländer im Inland, konjunkturelle Dämpfung im Inland, Strukturprobleme für bestimmte Branchen, die einseitig auf den Export (etwa bei Autos) gesetzt haben, verstärkte Wettbewerbskonfrontation auf den Inlandsmärkten, weil die für den Export vorgesehenen Produkte auf die Inlandsmärkte gelangen; diese Wirkung wird noch verstärkt durch die Verbilligung der Importe aus der Aufwertung, relativ billige Einfuhr von Energiegütern, insbesondere Mineralöl und deswegen keine Umstrukturierung in der Energiewirtschaft, starke Direktinvestitionen der Inländer im Ausland, preiswertes Reisen der Inländer im Ausland, erhöhte Arbeitslosigkeit in einzelnen Branchen aufgrund des starken Importdruckes.

16. Die Hauptprobleme der nachfrageorientierten Wirtschaftspolitik durch den Einsatz von fiskalpolitischen Instrumenten (Steuersatzveränderungen, er-

höhte Nachfrage der öffentlichen Hand u.a.) liegen auf folgenden Gebieten: Durch die Variierung der gesamtwirtschaftlichen Nachfrage werden die Probleme auf der Angebotsseite nicht gelöst. Ein ungünstiges Investitionsklima, hohe Kostenbelastungen der Unternehmen durch Löhne, Zinsen, Energiekosten u.a., eine geringe Eigenkapitalbasis und eine Vielzahl gesetzlicher und administrativer Investitionshemmnisse, eine geringe Innovationsbereitschaft der Unternehmen u.a. bewirkt, daß die Produktivität und die Dynamik der Wirtschaftsentwicklung beeinträchtigt wird. Außerdem besteht die Gefahr, daß durch den zu starken Einsatz von fiskalpolitischen Instrumenten entweder Steuereinnahmen verloren gehen oder zu starke Ausgaben eine steigende Staatsverschuldung bedingen.

17. Es wäre falsch, wenn die ,,Staatsverschuldung'' nur als Problem gesehen würde. Sicherlich hat eine zu hohe Staatsverschuldung außerordentlich negative Effekte auf die öffentliche Finanzpolitik bzw. die gesamte Volkswirtschaft. Es ist jedoch durchaus sinnvoll, wenn etwa Infrastrukturinvestitionen, die in der Gegenwart durchgeführt werden, nicht nur von der gegenwärtigen erwerbstätigen Generation finanziert werden, sondern im Sinne einer Lastverschiebung auch zukünftige Generationen — die von derartigen Investitionen noch profitieren — herangezogen werden. Wichtig ist auf alle Fälle, daß die Staatsausgaben nicht für den Konsum vorgesehen sind, sondern — ähnlich wie in Unternehmen — für Investitionen, die in der Zukunft zusätzliche Erträge bringen — eingesetzt werden.

18. Die Schwierigkeit der Einschätzung von volkswirtschaftspolitischen Instrumenten im Hinblick auf das angestrebte Ziel liegt vor allem in folgenden Tatbeständen der faktischen Zielkonformität begründet: Dem Instrumenteneinsatz stehen politische Widerstände entgegen, die Wirtschaftssubjekte reagieren nicht so wie es rational aufgrund des Instrumenteneinsatzes zu erwarten gewesen wäre (eine Erhöhung des Diskontsatzes führt nicht zu einer Reduzierung, sondern weil die Gewinnerwartungen in einer bestimmten Branche günstig sind, zu einer Steigerung der Investitionen), die Kosten für den Einsatz des Instrumentes sind zu umfassend (der Kontrollaufwand übersteigt den angestrebten volkswirtschaftspolitischen Ertrag). Das Timing und die Dosierung des Instrumentes sind von entscheidender Wichtigkeit für den Erfolg des Instrumenteneinsatzes. Erfolgt nämlich der Einsatz des ,,richtigen'' Instrumentes zum falschen Zeitpunkt und in der falschen Quantität, so kann der Erfolg der volkswirtschaftspolitischen Maßnahme letztlich ins Gegenteil verkehrt werden.

19. Eine Gewerkschaft bzw. die Bundesbank kann deswegen als Träger der Volkswirtschaftspolitik angesehen werden, weil beide Institutionen zwei grundsätzliche Merkmale erfüllen: Zum einen sind sie in der Lage, volkswirtschaftspolitische Aktivität zu entwickeln (sie können Analysen und Absichten formulieren und den Einsatz bestimmter volkswirtschaftspolitischer Instrumente fordern); zum anderen verfügen sie über gesellschaftli-

che Macht, damit sie ihre wirtschaftspolitischen Vorstellungen auch durchsetzen bzw. verwirklichen können. Dabei ist allerdings von Bedeutung, daß die Machtausübung bei der Bundesbank und den Gewerkschaften unterschiedlich ist. Die Deutsche Bundesbank hat aufgrund gesetzlicher Festlegung ,,Bundesbankgesetz von 1957" bestimmte Aufgaben in der Währungs- und Volkswirtschaftspolitik von Seiten des Gesetzgebers zugewiesen bekommen; die Gewerkschaften leiten ihre Macht daraus ab, daß sie die isolierten Arbeitnehmer in einer Organisation mit einem hohen Organisationsgrad zusammenfassen, um gemeinsam Interessen durchsetzen zu können, wobei dies durch die Androhung bzw. Realisierung einer bestimmten Verhaltensweise (Streiks, Demonstrationen, Wahlaufrufe u.a.) erfolgen kann.

20. In vielen Ländern ist die jeweilige Zentralnotenbank ein Organ der Regierung; in Deutschland war dies auch bis 1945 der Fall. Dies hat zur Folge, daß von Seiten der Notenbank die Anweisungen der Regierung in der Wirtschafts- und insbesondere der Währungspolitik durchgeführt werden müssen. So hat die Deutsche Reichsbank in den 1930er und 1940er Jahren wesentlich, auf Anweisung der Reichsregierung, zur Kriegsfinanzierung beigetragen. Diese Erfahrungen waren es, die bewirkt haben, daß nach Einführung der Währungsreform 1948 und Gründung der Bundesrepublik Deutschland 1949 neue Überlegungen zum Verhältnis Zentralnotenbank und Regierung angestellt wurden. Wesentlich für die Deutsche Bundesbank ist ihre Unabhängigkeit von Weisungen der Bundesregierung bei der Ausübung ihrer währungspolitischen Aufgaben. Diese Unabhängigkeit ist in eine gewisse Gefolgschafts- und Beratungspflicht gegenüber der Bundesregierung integriert. Die eigentliche Unabhängigkeit ergibt sich aus folgenden Tatbeständen: Es besteht keine Unterstellung unter ein Bundesministerium, der Bundeskanzler hat gegenüber der Bundesbank keine Richtlinienkompetenz, und diese unterliegt auch keiner parlamentarischen Verantwortung oder einer Prüfung durch den Bundesrechnungshof. Die Bundesbank hat allerdings die Pflicht, die allgemeine Volkswirtschaftspolitik der Bundesregierung zu unterstützen und auch keine eigenen konjunkturellen Zielvorstellungen zu entwickeln. Eine solche Verpflichtung ist natürlich nicht zuletzt deswegen notwendig, weil es sinnlos wäre, wenn beispielsweise die Bundesregierung die Zielsetzung verfolgen würde, über eine expansive Volkswirtschaftspolitik mehr Wirtschaftswachstum und eine Verbesserung der Beschäftigungssituation zu erreichen und die Bundesbank als ,,Bremser" auftreten und diese Zielsetzung verhindern würde. Würden diese Ziele allerdings zum Nachteil des Zieles Währungsstabilität durch die Regierung angestrebt, so müßte die Bundesbank im Rahmen ihrer Aufgabenerfüllung — der Wahrung der Geldwertstabilität — dagegen einschreiten.

21. Kartelle und Genossenschaften können deswegen als Wirtschaftsverbände eingestuft werden, weil sie zum einen volkswirtschaftspolitische Aktivitäten entwickeln können und sie zum anderen in der Lage sind, diese wirtschaftlichen Aktivitäten als Unternehmen oder als Unternehmensverbände auf den Märkten auch durchzusetzen. Kartelle bzw. Genossenschaften sind die Zusammenfassung von isolierten Marktkräften zu einem gemeinschaftlichen Anbieter bzw. Nachfrager. Diese Kooperation und das gemeinsame Auftreten gibt ihnen Marktmacht und damit auch gesellschaftliche Macht; sie verfolgen auch das Ziel, ihren Mitgliedern Vorteile zukommen zu lassen, wobei dies bei den Genossenschaften nach § 1 GenG die Mitgliederförderung und bei den Kartellen die Steigerung des maximalen Gewinnes der Kartellteilnehmer darstellt.

Literaturhinweise zur Vertiefung des Themas

Lehrbücher

H.-J. Seraphim, Theorie der Allgemeinen Volkswirtschaftspolitik, Göttingen 1955
W. Eucken, Grundsätze der Wirtschaftspolitik, 2. Aufl., Hamburg 1960
H. Giersch, Allgemeine Wirtschaftspolitik: Grundlagen, Wiesbaden 1961
T. Pütz, Grundlagen der theoretischen Wirtschaftspolitik, Stuttgart 1971
H.G. Schachtschabel, Allgemeine Wirtschaftspolitik, Stuttgart/Düsseldorf 1975
H.G. Schachtschabel, Wirtschaftspolitische Konzeptionen, 3. völlig überarbeitete Auflage, Stuttgart 1976
H. Körner, Theoretische Grundlagen der Wirtschaftspolitik, Köln 1977
E. Mändle (Hrsg.), Praktische Wirtschaftspolitik, Wiesbaden 1977
E. Mändle/A. Möller/F. Voigt, Wirtschaftspolitik in Theorie und Praxis. Wiesbaden 1979
M.E. Streit, Theorie der Wirtschaftspolitik, 3. Auflage, Düsseldorf 1983
U. Teichmann, Wirtschaftspolitik, 2. Auflage, München 1983
H. Luckenbach, Theoretische Grundlagen der Wirtschaftspolitik, München 1986
H.-J. Ahrns/H.-D. Feser, Wirtschaftspolitik: Problemorientierte Einführung, 5. Auflage, München/ Wien 1987
B. Molitor, Wirtschaftspolitik, Zweite verbesserte Auflage, München/Wien 1990

Überblicksartikel in Sammelwerken

K. Schiller, Wirtschaftspolitik. In: Handwörterbuch der Sozialwissenschaften, 12. Band, Stuttgart/Tübingen/Göttingen 1965. 210 ff.
H. Möller/F. Holzheu, Wirtschaftspolitik. In: Evangelisches Staatslexikon, 2. Auflage, Stuttgart 1975
Udo Müller, Theoretische Grundlagen der Wirtschaftspolitik. In: Handwörterbuch der Volkswirtschaft, 2. verbesserte Auflage, Wiesbaden 1980
E. Mändle, Wirtschaftspolitik. In: Handwörterbuch des Genossenschaftswesens, Wiesbaden 1980

E. Tuchtfeldt, Wirtschaftspolitik. In: Handwörterbuch der Wirtschaftswissenschaften (HdWw), 9. Band, Stuttgart/Tübingen/Göttingen 1982
T. Dams, Wirtschaftspolitik. In: Staatslexikon, 7. Auflage, Fünfter Band, Freiburg im Breisgau 1989

Übersicht über die Schaubilder

Schaubild 1: Überblick über die Elemente der Volkswirtschaftspolitik
Schaubild 2: Systematik des volkswirtschaftspolitischen Handelns
Schaubild 3: Wachstum und Konjunktur
Schaubild 4: Bestimmungsgrößen des Wirtschaftswachstums
Schaubild 5: Ursachen der Arbeitslosigkeit
Schaubild 6: Einflüsse auf den Geldwert
Schaubild 7: Wirkungszusammenhang volkswirtschaftspolitischer Ziele und Instrumente
Schaubild 8: Beziehungen zwischen Inflationsrate und Arbeitslosenquote in der Philipps-Kurve
Schaubild 9: Gesamtwirtschaftliches Gleichgewicht
Schaubild 10: Überblick über die Instrumente der Volkswirtschaftspolitik
Schaubild 11: Zielkonformität in der Volkswirtschaftspolitik
Schaubild 12: Ordnungskonformität in der Volkswirtschaftspolitik
Schaubild 13: Träger der Wirtschaftspolitik
Schaubild 14: Arten der Wirtschaftsverbände

Sachregister

Abwertung 72 f.
Angebotsorientierte Wirtschaftspolitik 84 f.
Arbeitslosigkeit
- Arten der 30
- Ursachen der 30
- versteckte oder latente 32
Aufwertung 71, 108
Ausgabenpolitik
- staatliche 74 ff.
Außenwirtschaftliches Gleichgewicht 38 ff.
- als Ziel der Wirtschaftspolitik 38 f.
- Bestimmungsgründe des 39 f.
- Notwendigkeit des 41 f.
- Quantifizierung des 40 f.

Bardepotpolitik 63 f.
Beiträge
- finanzpolitische 77
Budgetpolitik 79 ff.
Bundesbankgewinn 77

Deutsche Bundesbank 94 ff., 110
Devisenpolitik 61 f.
Direktorium der Bundesbank 94 f.
Diskontsatzpolitik 61 f.

Einflußträger der Volkswirtschaftspolitik 96 f.
Einkommenspolitische Ziele 19 ff.
Einnahmenpolitik, öffentliche 76 ff.
Entscheidungsträger der Volkswirtschaftspolitik 93 ff.
Europäisches Währungssystem (EWS) 73

Fiskalpolitische Instrumente 83 ff.
Floating 71

Gebühren 77
Geld
- Außenwert des 34 ff.
- Binnenwert des 34
Geldmengen 61
Geldpolitik
- Instrumente der 60 ff.
Geldwertstabilität
- als Ziel der Wirtschaftspolitik 35 ff.
- Angebotsinflation 36
- Begriff der 33 f.
- Bestimmungsgründe der 33 ff.
- in der Bundesrepublik Deutschland 37
- Notwendigkeit der 37 f.

Gesamtwirtschaftliches Gleichgewicht 41 f.
Gesellschaftspolitik
- Beziehungen zur Volkswirtschaftspolitik 4, 104
- Ziele der 4
Globale Wirtschaftssteuerung 84

Inflation 36
- Inflationsursachen 36
Instrumente der Volkswirtschaftspolitik
- Begriff der 56
- Klassifizierung der 57 ff.
- Ordnungskonformität der 88 ff.
- Zielkonformität der 85 ff.

Kammern 98

Landeszentralbanken 95
Liquiditätspolitik
- Instrumente der 65 ff.

Maßnahmen der Volkswirtschaftspolitik 56 f.
Mindestreservepolitik 65., 108
Moral-Suasion 69

Nachfrageinflation 36
Nachfrageorientierte Wirtschaftspolitik 83 f., 108
- Notwendigkeit der 37 f.

Offen-Markt-Politik 66 f.
Öffentliche Finanzpolitik
- Begriff der 74
- Instrumente der 74 f.
Öffentliche Verschuldung 80 ff.
- Begriff der 80
- Entwicklung der 81
- Formen der 81
- Auswirkungen der 82
Ordnungskonformität 88 ff.
Ordungspolitik
- Instrumente der 58
- Ziele der 14

Phillips-Kurve 49 f.
Prozeßpolitik
- Instrumente der 58

Realausgaben 74 f.
Rediskontkontingentpolitik 67 f.

Situationsanalyse
- volkswirtschaftspolitische 7

117

Staatsbankrott 82
Staatsquote 76
Stabilitätsgesetz 83 f.
Steuern 76 ff.
- Begriff der 76
- Klassifizierung der 78
Steuerquote 78
Steuerwirkungen 78 f.
Strukturpolitik
- Instrumente der 58
- Ziele der 17 ff.
Swapsatzpolitik 64

Tarifpartner 98
Teilzeitbeschäftigung 32
Träger der Volkswirtschaftspolitik
- Arten 92 ff.
- Begriffsbestimmung 92 f.
Transferausgaben 75
Transformationsausgaben 74 f.

Überbeschäftigung 33
Umwelt
- Begriff der 42
- Funktionen der 43
Umweltpolitik 42 ff.
- Hauptprinzipien der 44 f.
- Ziele der 44 ff.
- Zielinhalte der 44 ff.

Vermögenspolitische Ziele 21 f.
Volkswirtschaftspolitik
- Begriff der 1
- Elemente der 3
- Erkenntnisobjekt der 2
- Instrumente der 8
- Instrumente und Maßnahmen der 56ff.

- Kompromisse in der 98 ff.
- Phasen in der 101 f.
- Praktische und wissenschaftliche 2
- Strategie in der 100 f.
- Träger der 92 ff.
- Willensbildung in der 98 ff.
- Zielbeziehungen in der 46 ff.
Verteilungspolitik 19 ff.
Volkswirtschaftlicher Handlungsplan 5
Vollbeschäftigung 28 ff.

Wechselkurs 35, 70
Wechselkurspolitik
- Instrumente der 69 ff.
Wechselkurssysteme 70 ff.
Werturteile in der Volkswirtschafts-
   politik 11 ff., 105
Wirtschaftsordnung
- als Ziel der Wirtschaftspolitik 24 ff., 32 f.
- Bestimmungsgrößen der 25
- Erhaltung und Veränderung der 15 f.
- Wirtschaftsstruktur 16 f.
Wirtschaftsprozesspolitik 22 ff.
Wirtschaftswachstum 23, 24 ff.
Wirtschaftspolitische Konzeptionen 9

Zentralbankrat 94
Zielbeziehungen
- zwischen Zielen der Prozess-,
   Struktur- und Umweltpolitik 41
- in der Wirtschaftsprozesspolitik 48 ff.
Ziele der Volkswirtschaftspolitik 8
- Widersprüchlichkeiten 48
Zielantinomie 48
Zielkonformität 85 ff.
Zinspolitik
- Instrumente der 61 ff.

Erfolgs-Cassetten

Bohlen, F. N., Dr.
Rationelles Lesen — leicht gemacht
C 60, DM 39,—
ISBN 3-8169-0797-0

Cronemeyer, U., Dipl.-Kfm.
Berufserfolg durch zeitgemäße Umgangsformen
C 60, DM 39,—
ISBN 3-8169-0772-5

Cronemeyer, U., Dipl.-Kfm.
Diktieren mit System
C 60, DM 39,—
ISBN 3-8169-0585-4

Eichhorn, H.
Mehr Erfolg und weniger Streß durch souveräne Selbstorganisation
C 60, DM 39,—
ISBN 3-8169-0544-7

Schrickel, R.
Rhetorik im Klartext
C 60, DM 39,—
ISBN 3-8169-0876-4

Mantel, M., Prof. Dr.
In acht Tagen zur guten Rede
C 60, DM 39,50
ISBN 3-8169-0035-6

Ruhleder, R. H., Dipl.-Kfm.
Dialektik — die Kunst zu überzeugen
C 60, DM 39,50
ISBN 3-8169-0060-7

Mantel, M., Prof. Dr.
Geschickt bewerben — den sicheren Arbeitsplatz finden
C 60, DM 39,50
ISBN 3-8169-0036-4

Stattler, H., Dkfm./
Vater, G., Dr./
Veith, M., Dr.
Frauen in Führungspositionen
C 60, DM 39,—
ISBN 3-8169-0563-3

Rischar, K., Dr.
Mitarbeiter erfolgreich führen
C 60, DM 39,-
ISBN 3-8169-0525-0

Sahm, A., Prof. Dr. /
Hubner, I., /
Hubner, U., Dr.
Führen durch Delegieren
C 60, DM 39,—
ISBN 3-8169-0438-6

Rischar, K., Dr.
Führungskräfte richtig auswählen
C 60, DM 40,—
ISBN 3-8169-0523-4

Rischar, K., Dr.
Neue Mitarbeiter richtig einführen
C 60, DM 39,—
ISBN 3-8169-0518-8

Ruschel, A., Prof. Dipl.-Hdl.
Coaching
C 60, DM 39,—
ISBN 3-8169-0757-1

Dunkel, D., Dr.
Mitarbeiterbeurteilung und Mitarbeitergespräch
C 60, DM 42,—
ISBN 3-8169-0397-5

Hubner, I./Hubner, U., Dr.
Schwierige Gesprächssituationen im Betrieb erfolgreich meistern
C 60, DM 39,—
ISBN 3-8169-0380-0

Schmidt, W., Prof. Dr.
Fehlzeiten verringern oder vermeiden
C 60, DM 39,—
ISBN 3-8169-0367-3

Schmid, K.-H., Prof. Dr.
Das Arbeitszeugnis — Gestaltung und Interpretation
C 60, DM 39,—
ISBN 3-8169-0506-4

Wagner, R.
Planung und Konzeption von Mailings
C 60, DM 39,—
ISBN 3-8169-0709-1

Wagner, R.
Erfolgreiches Texten von Mailings
C 60, DM 39,—
ISBN 3-8169-0714-8

Weiss, W., Prof. Dr.
Erfolgreiches Marketing mit Corporate Identity
C 60, DM 40,—
ISBN 3-8169-0535-8

Sattler, A., Dipl.-Wirtsch.-Ing. (FH), Dipl.-Betr.-Päd./
Kemnitzer, S.
Der richtige Weg zum Top-Image
C 60, DM 40,—
ISBN 3-8169-0326-6

Zintel, A. E.
Erfolgreich verkaufen am Telefon
C 60, DM 39,—
ISBN 3-8169-0290-1

Becker, H. L., Dipl.-Kfm.
Lebensregeln
C 60, DM 40,—
ISBN 3-8169-0703-2

Becker, H. L., Dipl.-Kfm.
Arbeitsregeln
C 60, DM 40,—
ISBN 3-8169-0704-0

Becker, H. L., Dipl.-Kfm.
Führungsregeln
C 60, DM 40,—
ISBN 3-8169-0705-9

Fordern Sie unsere Fachverzeichnisse an.

expert verlag GmbH, Postfach 2020, 71268 Renningen

Rückgabe spätestens am		
2 4. 07. 95 0 M		

Was kostet e
Flug von St
nach Ham

Welche Ges
werden als
abzugsfähig
anerkannt

Wie ist der
"Goodwill" z
bewerten ?

verjähren
trechtliche
prüche ?

weit
er 1000 Seiten
128,– DM

Ein ... her

Auf alle ...
kaufmännisc ...
büro oder be ...
berater auftr ...
Antworten – ...
die kaufmän ...
Sparen S ...
arbeitern das mühevolle, zeitraubende
Suchen und Herumtelefonieren.
Im „Tabellenbuch für die kaufmännische Praxis" finden Sie alles,
was Sie wissen wollen. Eine Fülle

Ständig auf dem neuesten Stand!

Beispiele: Wann verjährt meine
Forderung? Wann lohnt sich das
Skontieren? Dürfen Gründungskosten
in der Bilanz aktiviert werden? Wie lange
muß ich Buchungsbelege aufbewah-
ren? Wie hoch sind die durchschnitt-
lichen Kaufwerte von Bauland? Welche
Freibeträge bei der ESt gibt es? U. a.
Schlagen Sie nach unter dem
betreffenden Stichwort, und Sie
haben auf Anhieb die Antwort.
Eine Antwort, die auf dem neuesten
Stand ist, denn dreimal im Jahr
erhalten Sie automatisch die aktuellen
Ergänzungen (ca. 120 Seiten,
Seitenpreis 36 Pf.).

lenbuch"
xis aus.
mit vollem
Sie wissen,
ntscheiden

nbuch"

Ihr Textexemplar in Kürze zur Hand.

**„Tabellenbuch für die
kaufmännische Praxis"**
Bearbeitet von Dipl.-Hdl. M. Gervais –
13. Auflage 1992 (mit neuesten
Ergänzungen) – ca. 1050 Seiten –
Loseblattwerk (2 Ordner) – 128,– DM

 Taylorix Fachverlag
Stiegler & Co.
70 431 Stuttgart
Telefon 07 11/87 07 -191
Telefax 07 11/87 07 -188